Nach vielen Jahren als Köchin in Sydney wechselte die Australierin Jane Lawson das Fach und wurde Autorin. Der Berufswechsel ermöglichte es ihr, ihre Vorliebe für das Kochen und Reisen mit ihrer Leidenschaft für Bücher zu verbinden.

Seit über 30 Jahren bereist sie regelmäßig Japan und führt auch Reisegruppen durch das Land. Sie zeigt ihnen, was es hinsichtlich Kultur, Mode und Kulinarischem zu entdecken gibt. Ihr Hauptaugenmerk liegt auf der japanischen Küche.

Sie veröffentlichte bereits zahlreiche Bücher zum Thema Kochen und gewann als Co-Autorin mit dem Buch »BBQ Food for Friends« den Gourmand World Cookbook Award.

Weitere Informationen unter: www.zenbutours.com

Styleguide Tokio

styleguide
Tokio

eat
shop
love it

Jane
Lawson

Tokio

Nippori **10**

Yanesen **10**

Kappabashi **8**

Kichijoji **6**

Nakano **6**

Korakuen **7**

Okachimachi

9 Asakusa **8**

Koenji **6**

Kagurazaka **7**

9 Kuramae

Harajuku **1**

9 **9** Akihabara

Shimokitazawa **3**

Kanda-Ochanomizu

2 Aoyama

Daikanyama **4**

1 Shibuya

Naka Meguro **4**

5 Ebisu

5 Meguro

INHALT

EINFÜHRUNG

Bevor wir uns auf unsere Tokio-Reise begeben, möchte ich Ihnen folgende Tatsache bewusst machen: Die gesamte Megalopolis namens Tokio ist die Heimat von 37 Millionen Menschen, eine eher erschreckende Größe, zumal es sich um die am dichtesten besiedelte Stadtregion der Welt handelt. Dieses Buch konzentriert sich einzig auf das Zentrum mit seiner »Tages«-Bevölkerung von elf Millionen Menschen, eine erträglichere Zahl.

Aber: Die Weltstadt Tokio wurde geradezu erbaut, um von Ihnen entdeckt zu werden! Überraschungen, von verstörend bis vergnüglich, warten an jeder Ecke, das macht diese Stadt so spannend.

Das pulsierende Herz der Metropole Tokio besteht aus 23 Bezirken, jeder davon hat die Stellung und die Verwaltung einer eigenen Stadt. Sie sind mit einem komplexen Netz über- und unterirdischer Bahnen verbunden. Auf den ersten Blick mag das Verkehrssystem verwirrend erscheinen, in der Realität funktioniert es sehr effizient und effektiv.

Praktischerweise haben sich um die meisten der fast 200 Stationen Hunderte Läden, Restaurants, Bars und andere Dienstleister angesiedelt, um die eilenden und hungrigen Pendler-Horden zu versorgen. Die Olympischen Spiele 2020 rücken näher, und Geschäfte öffnen und schließen, Bezirke werden zusammengelegt und wachsen in einem solch enormen Tempo, dass man gewisse Gegenden nicht mehr wiedererkennt, wenn man sie länger nicht besucht hat.

Genau aus diesem Grund sollte man keinem Reiseführer trauen, der sich als »der vollständigste Führer für Tokio« bezeichnet. Ein einheimischer Ladenbesitzer drückte das mit einem leisen Unbehagen so aus: »Die Leute, die den Standard-Reiseführern genau Folge leisten, werden am Ende zweifellos extrem frustriert sein.«

Mein Ziel ist es, Ihnen in diesem Guide die unterschiedlichen Quartiere und ihre ganz eigene Atmosphäre zu präsentieren. Es sind die Stadtteile, die ich selbst am liebsten besuche – meist aus vielen verschiedenen Gründen. An manchen Tagen steht mir der Sinn nach dem dichtesten Gewühl, durchdrungen von jugendlicher Lebenskraft. Manchmal bevorzuge ich das entspannte Tempo eines Gartenspaziergangs oder ich möchte über einer Tasse Tee sinnieren oder einfach ruhig in einem unbekannten Museum sitzen.

Ich haben in diesem Buch einige meiner Lieblingsplätze aufgeführt und hoffe, dass es diese Stellen noch gibt, wenn Sie Tokio besuchen.

Sollten diese der unaufhaltsamen Veränderung zum Opfer gefallen sein, dann wurden sie mit Sicherheit durch etwas ebenso Interessantes oder Köstliches ersetzt.

Die Anleitungen in meinem Guide sind präzise, wenn sie es sein müssen, und eher vage, wenn Ihr Entdeckergeist gefragt ist. Ich habe bewusst Kontraste eingebaut und schlage wohlüberlegte Routen vor; sicherlich werden Sie auf diesen Wegen einen ganz eigenen Zauber finden. Sie müssen damit rechnen, sich in Tokio zu verlaufen. Wenn das passiert, atmen Sie tief durch und sehen Sie es mit Humor. An keinem Punkt wird eine Bahnstation oder ein Taxi fern sein, das Sie zum gewünschten Ziel befördern kann.

Wenn Sie sich von einer Stadt dieses Ausmaßes nicht verrückt machen lassen wollen, dann schließen Sie sich dem Strom der Menschen an. Die Japaner sind Meister darin – beobachten Sie sie, wie sie durch die Straßen laufen! In einem anderen Land würde ein heilloses Chaos entstehen. Ein alltägliches Bild ist, wie die Tokioter an überfüllten Bahnstationen stehen, eng an ihren Nachbarn gedrückt wie klebriger Reis – und doch ruhen die Menschen in sich selbst.

In keinem Teil des ewig dynamischen Tokios werden Sie an Hunger oder gar Entzugserscheinungen in puncto Design, Kunst, Kaffee oder Shopping leiden, und es wird auch keine Müdigkeit aufkommen. Machen Sie sich auf einen ganz besonderen Kulturschock gefasst und tauchen Sie ein!

ALLGEMEINE REISE-TIPPS FÜR TOKIO

KLEIDUNG

Sie werden schnell feststellen, dass die Japaner sich recht schick kleiden und selbst in entspannten Lebenssituationen immer tadellos gepflegt sind. Denken Sie beim Kofferpacken daran, dann ersparen Sie sich Peinlichkeiten.

Als allgemeine Regel gilt, dass sich die Einheimischen mittleren Alters (und in Japan ist das jeder über 30!) elegant kleiden – ob nun in einem konservativen oder eher kreativen Sinn. Wenn Sie ohnehin dunkle Farben und Naturtöne bevorzugen, dann werden Sie mit der Masse verschmelzen. In dieser Stadt voller Kontraste wird jedoch auch niemand eine Braue heben, wenn eine fluoreszierende Jacke mit einer Hose im Leoparden-Print kombiniert wird, sicherlich nicht innerhalb des Stadtzentrums (Central Business District, CBD). Bei beruflichen Terminen entscheiden Sie sich am besten für eine konservative Garderobe. Dient Ihr Aufenthalt jedoch dem reinen Vergnügen, dann wählen Sie ein elegant-lässiges Outfit für den Tag und packen dazu ein paar feinere Stücke für den Abend ein.

Große Ausschnitte und winzig kleine Shorts mögen Ihnen fantastisch stehen, werden aber in Japan ungebetene Aufmerksamkeit erregen. Zerrissene Jeans, Spaghetti-Tops und Flipflops sollten zu Hause bleiben. In Tempeln müssen Sie sich respektvoll verhalten und angemessen gekleidet sein.

Ein Wort zum Schuhwerk

Wählen Sie bequeme Schuhe oder Stiefel mit gutem Fußbett für die Tage, an denen längere Laufdistanzen auf dem Plan stehen, und bringen Sie ein feines Paar für die Abende mit, an denen Sie in einem Restaurant speisen. Von Vorteil ist auch, wenn sich die Schuhe einfach an- und ausziehen lassen, weil Sie sie beim Besuch der meisten traditionellen Bauten, wie Tempeln oder Schreinen, und in Privathäusern ausziehen müssen. Gewisse Geschäfte, auch Restaurants und Shops sowie alle Flächen, auf denen *tatamis*, die Matten aus Reisstroh, liegen, dürfen nur ohne Schuhe betreten werden.

DIE JAHRESZEITEN

J apan hat vier deutlich ausgeprägte Jahreszeiten (und 24 Zwischensaisons, aber dazu später mehr ...). Tokio leidet dank seiner Nähe zur Ostküste weniger unter Extremen als das japanische Binnenland, aber es ist immer ratsam, gut vorbereitet zu sein.

Winter / Fuyu (Dezember – Februar) ist kalt, aber die Temperaturen sinken nicht so tief wie in Mitteleuropa oder in den kälteren Zonen Amerikas. Sie werden einen Mantel, Handschuhe, Schal, warme Socken und bequeme Schuhe, vorzugsweise Stiefel, für Ihre Erkundungen brauchen. Schnee fällt selten. Nur hin und wieder hüllt eine Schneedecke die Stadt ein, die dann aber in der Regel innerhalb kurzer Zeit wieder verschwindet. Meist sind die Tage klar und der Himmel ist blau, für mich das optimale Wetter für einen ausgiebigen Bummel mit einer Aufwärmpause in einem kuscheligen Café. Im Winter kommen weniger Touristen, was die Fortbewegung im Vergleich zu anderen Jahreszeiten erleichtert. Die Temperaturen bewegen sich zwischen 0 und 12 Grad.

Frühling / Haru (März – Mai) rühmt sich eines wunderbaren, ausgeglichenen Wetters mit reichlich Büten, die einerseits überwältigend, andererseits aber auch ein Anlass für die Besuchermassen sind. *Sakura*, die Kirschblüte, fällt meist auf den späten März / Anfang April und vereint alle Tokioter und Touristen zu Picknicks im Park, bei Spaziergängen entlang der Flüsse und zu Schwertkämpfen mit den Selfie-Sticks. Unterkünfte und Restaurantreservierungen sollten zu dieser Jahreszeit weit im Voraus vorgenommen werden. Ein Cardigan oder eine leichte Jacke reichen tagsüber, in den ersten Frühlingstagen sollten Sie zudem etwas Wärmeres für die Abende mitbringen. Die Temperaturen bewegen sich zwischen 5 und 22 Grad.

Sommer / Natsu (Juni – August) ist, ehrlich gesagt, hauptsächlich heiß und feucht, manchmal auch recht verregnet. Andererseits beginnt nun die Hauptsaison der Festivals und der Veranstaltungen – vor allem an den Abenden. Kleiden Sie sich so leicht wie möglich, ohne die angemessene Garderobe besonders

beim Tempelbesuch zu vergessen. Es ist erstaunlich, was für einen kühlen Kopf die Japaner selbst an den heißesten Tagen bewahren. Für mich persönlich gehört der Sommer nicht zur bevorzugten Jahreszeit, denn ich mag es gern frostig, und mein persönlicher Schmelzpunkt ist bereits bei 28 Grad erreicht. Wenn Ihnen die Hitze nichts ausmacht, dann werden Sie diese Jahreszeit lieben! Die Temperaturen bewegen sich zwischen 19 und 31 Grad.

Herbst / Aki (September – November) – das Wetter ist, vergleichbar mit dem Frühling, recht ausgeglichen. Kühlere Temperaturen und die wunderschönen rost-, rot- und goldfarbenen Gärten locken Millionen von Einheimischen aus den klimaanlagengekühlten Gebäuden. Buchen Sie Zugfahrten und Unterkünfte vorab, denn viele Touristen lieben diese Jahreszeit. Der September kann noch recht mild ausfallen, doch bis November kühlt es spürbar ab, und die Luft ist herrlich frisch. Ich halte den Herbst für eine sehr attraktive Saison. Die Blüten des Frühlings sind wahrhaft wunderschön – und man sollte sie einmal im Leben gesehen haben, aber sie sind flüchtig, während das Herbstlaub seine Farben über einen längeren Zeitraum verändert. Auch wenn Sie nur eine Woche bleiben, lässt sich verfolgen, wie sich die Schattierungen allmählich verändern, ein magisches Erlebnis! Die Temperaturen bewegen sich zwischen 10 und 25 Grad.

TRANSPORT

Kurz gesagt: Züge sind in Japan äußerst pünktlich und im Allgemeinen das schnellste, zuverlässigste und günstigste Transportmittel für die gesamte Stadtregion Tokio (**www.jreast.co.jp/e/**).

Es ist mehr als verständlich, dass selbst abgebrühte Reisende in Panik verfallen, wenn sie zunächst beim Ticketkauf zögern, in welcher Schlange für die korrekte Station ihres Zieles sie sich anstellen sollen, und dann plötzlich bemerken, dass sich zahllose Menschen hinter ihnen angesammelt haben, die alle ihren Zug nicht verpassen wollen.

Ersparen Sie sich diesen Nervenkitzel und kaufen eine aufladbare *Suica*- oder *Pasmo*-Karte. Diese Karten werden an den meisten großen Stationen angeboten und sind für den Großteil der U-Bahn-, Zug- und Buslinien gültig. Gelegentlich werden Sie auf kleinere, private Züge treffen, die ein separates Ticket erfordern; dieses erhalten Sie an einem Schalter oder Automaten.

Falls Sie unbeabsichtigt mit einem Ticket unterwegs sein, dessen Tarif nicht für die Fahrt ausreicht, dann lösen Sie an den Automaten vor dem Drehkreuz nach. Um ganz sicherzugehen, können Sie Ihr Ticket immer nochmals vom Personal am Einlass prüfen lassen.

Nutzen Sie die Suchmaschine »Hyperdia«, um die Route vorab zu planen, dann verlieren Sie keine wertvolle Zeit. »Hyperdia.com/en« informiert nicht nur darüber, wie man von A nach B kommt, sondern es zeigt Abfahrtszeiten, die Kosten und Umsteigestationen an. Haben Sie einen bestimmten Ort im Sinn, der nicht in diesem Buch aufgeführt ist, hilft die Webseite gleichfalls weiter, sie zeigt sogar den richtigen Ausgang an. Einige Stationen sind schlichtweg riesig und haben viele Ausgänge, der falsche ist oft weit vom Ziel entfernt, also bereiten Sie sich am besten gut vor.

Gönnen Sie sich doch ab und zu ein Taxi, um den Tagesplan zu erfüllen oder Ihren Füßen eine Erholungspause zu verschaffen! Taxitüren öffnen und schließen automatisch. Setzen Sie sich nicht auf den Beifahrerplatz, wenn Sie keinen guten Grund dafür haben – japanische Taxifahrer sehen Ihre Kunden lieber auf dem Rücksitz.

RICHTUNGEN

Das Adresssystem in Japan ist zum Teil sehr verwirrend. Die Einheimischen sprechen von der Nord/Süd/Ost/West-Seite einer Straße,

wenn sie nach der Richtung gefragt werden. Auch mein Buch folgt dieser Systematik, damit Sie sich einfacher zurechtfinden.

ÖFFNUNGSZEITEN DER GESCHÄFTE

Die Geschäfte öffnen in der Regel zwischen 10 Uhr und 11 Uhr am Vormittag und schließen um 19 Uhr oder 20 Uhr. Die Öffnungszeiten können jedoch variieren, Supermärkte haben länger geöffnet und verfügen über internationale Geldautomaten.

Die Geschäfte und Einrichtungen in Tokio bestimmen ihre Ruhetage selbst. Sehen Sie vorher auf der Webseite nach, ob ein Anlaufpunkt zu der Zeit geöffnet hat, wenn Sie ihn besuchen wollen.

Restaurants bieten zwischen 11 Uhr und 14 Uhr Mittagessen an, wenn Sie keine Reservierung haben, ist es empfehlenswert, kurz nach der Öffnung da zu sein. Die Dinnerzeit beginnt um 17.30 Uhr, und viele Lokale schließen bereits früh.

POST

Ein Tipp für Shopper: kaufen und heimschicken lassen! Japans Postdienstleistungen sind preiswert und effizient. Wer seine Waren nicht selbst zur Post bringen möchte, kann sich an die Rezeption des Hotels wenden, viele Unterkünfte bieten diesen Service an. In den Poststellen gibt es Schachteln und Formulare, dann bezahlen Sie alles und schicken es auf den Weg – der Service ist gut und sicher. In den Poststellen stehen auch internationale Geldautomaten.

MOBILFUNK

Ein wichtiger Punkt für moderne Reisende: das Telefon! Falls Sie im japanischen Telekommunikationsnetz einen Anbieter ergattern können, ist Vorsicht geboten, denn die Roaming-Kosten sind enorm. Ich empfehle Ihnen dringend, in Kombination mit diesem Buch einen digitalen Kartenservice mit GPS zu nutzen.

Um die Explosion der Roaming-Kosten zu vermeiden, leihe ich mir meist ein Gerät inklusive eines unlimitierten Datenpakets und einem günstigen Tarif für internationale Anrufe. Mein Leihgerät ist immer von demselben Hersteller wie mein eigenes, sodass ich es einfach bedienen und meine Apps und Kontakte nutzen kann. Es ist immer gut ein funktionierendes Handy in der Tasche zu haben, abgesehen davon: Wie sollte ich sonst Instagram mit Japanfotos überschwemmen? Mit Global Advanced Communications habe ich gute Erfahrungen gemacht (**Globaladvancedcomm.com/**).

GRUNDLAGEN DER VERSTÄNDIGUNG

Nehmen wir mal an, Sie sprechen kein Wort Japanisch. Ich muss es ganz direkt sagen: Wahrscheinlich werden Sie ein paar Aspekte Ihrer Japanreise als ein wenig schwierig empfinden. Englisch ist in Japan zwar vermutlich Teil des Lehrplans, aber die Leute sind meist zu gehemmt, es zu sprechen, weil sie Angst haben, sich zu blamieren oder falsch verstanden zu werden. Lassen Sie sich davon nicht abhalten, sprechen Sie ungeniert drauflos, nutzen Sie einfache Sprachelemente und greifen Sie auf Gesten zurück!

In der Vergangenheit gab es nur wenige Schilder in Englisch, angesichts der Touristenströme, die zu den Olympischen Spielen erwartet werden, wird Tokio nun mit englischsprachigen Hinweisschildern aufgerüstet. Das wird Ihren Aufenthalt enorm erleichtern. Dennoch hilft es manchmal, wenn man einen einfachen Satz parat hat und ein paar wichtige japanische Schriftzeichen erkennen kann.

Wenn Sie ein Geschäft oder ein Restaurant betreten, dann ist es nur höflich, zumindest hallo sagen zu können. Der Haken daran ist, dass es drei verschiedene Hallos gibt – je nach Tageszeit.

Die Aussprache japanischer Worte stellt deutsche Muttersprachler nicht vor größere Probleme, nur bei zwei aufeinanderfolgenden Vokalen liegt der Fall etwas komplizierter.

Grüßen
Guten Morgen – vom frühen Morgen bis etwa 11 Uhr
Ohayoo gozaimasu
(gesprochen: o-h<u>a</u>jo g<u>o</u>sai-<u>ma</u>su)

Guten Tag – nach 11 Uhr und bis 17 Uhr
Konnichiwa
Betonung auf der letzten Silbe

Guten Abend – nach 17 Uhr
Kombanwa

Verabschiedungen
Sayonara

Gute Nacht – wenn Sie sich am Abend verabschieden oder ins Bett gehen
Oyasuminasai

Danke sagen

Die Japaner werden es sehr schätzen, wenn Sie es gelernt haben, sich auf Japanisch zu bedanken, wann immer Ihnen jemand weiterge- holfen hat. Es gibt vielerlei Ausdrücke für »Danke«, denn es kommt darauf an, für was Sie sich bedanken: Wie groß war die Hilfe, wie ist Ihre Beziehung zum Gegenüber und wie dessen sozialer Status? Um es ein wenig einfacher zu machen prägen Sie sich diese beiden Varianten ein:

Danke!
Arigatou

Ich danke Ihnen sehr – etwas formaler
Arigatou gozaimasu

Bitten

Bitte in seiner einfachsten Art (und der einfachsten Aussprache)
O kudasai

Bitte – wenn Sie um einen Gefallen bitten oder sagen wollen: »Entschuldigung, ist das für Sie in Ordnung?« Funktioniert auch als »ja, bitte«
Onegai shimasu

Wenn Ihnen zum Beispiel ein Glas Wasser/eine Rechnung angebo- ten wird, heißt ein kurzes Nicken oder eine leichte Verbeugung in Kombination mit *onegai shimasu* in aller Höflichkeit: »Ja, bitte, wenn es Ihnen nicht zu viele Umstände macht.«

Ja oder nein?

In Japan sollten Sie vornehmlich »ja« benutzen. Vermeiden Sie das negative und eventuell auch schroff klingende »Nein«, außer es bleibt Ihnen keine andere Wahl. Sanftes Händeschütteln begleitet von einem *sumimasen* oder *gomenasai* (»entschuldigen Sie mich« oder »es tut mir leid«) wird ausreichend deutlich machen, dass Sie ablehnen, ohne dabei unhöflich zu wirken.

Nur in Notfällen und wenn Ihnen gar kein anderes Wort mehr
einfällt, verwenden Sie »nein«.

Ja
Hai

Nein
Iie

Entschuldigen Sie mich / es tut mir leid!
Es gibt ein äußerst praktisches Wort, ob Sie nun die Aufmerksamkeit
eines Kellners oder eines Verkäufers erregen wollen oder sich nur an

jemandem vorbeidrücken müssen; ein Wort, das »Entschuldigung, ich brauche Ihre Hilfe« und gleichzeitig »tut mir leid« ausdrückt. Wenn Sie zum Beispiel mit einer anderen Person zusammenstoßen – und glauben Sie mir, das werden Sie! –, dann hören sie es und sollten es auch erwidern. Manchmal wird es auch als Auftakt zu einer Konversation benutzt, einfach um das Schweigen sanft zu brechen.

Das magische Wort lautet:

Sumimasen

Darüber hinaus gibt es noch ein Wort, das dann aber auch ausdrückt, dass es Ihnen wirklich leid tut, so wie »Entschuldigung, ich habe mein Wasser umgestoßen«, »Verzeihung, das war mein Fehler« oder »Tut mir leid, diese schlechte Nachricht zu hören«.

Das ist:

Gomenasai

Wenn die Natur ruft

Zu irgendeinem Zeitpunkt Ihrer Reise werden Sie nach dem Ort der Orte fragen müssen (Tipp: Kaufhäuser und Supermärkte).

Wo ist die Toilette?
Toire wa doko desu ka
Aussprache: Teure – wa – doko – desu – ka

Irgendjemand wird Ihnen die Richtung weisen oder sich sogar die Mühe machen, Sie bis zum Eingang zu bringen – fassen Sie das nicht als anzüglich auf, Japanern ist es sehr wichtig, fremden Besuchern zu helfen, und manchmal schießen sie über das Ziel hinaus.
Falls Sie die Toilette selber finden, sind die japanischen Zeichen für »Männer« und »Frauen« leicht zu deuten – in den meisten Fällen sorgen simple, international verständliche Symbole für Klarheit.

Otoko – Männer   **Onna** – Frauen

Eingang und Ausgang

Die großen Geschäfte und Besuchermagneten wie Museen, Tempel und Gärten sind mit Schildern für den Ein- und Ausgang versehen. Oftmals lenken Seile die Anstehenden in die richtigen Bahnen – ein notwendiges Übel in einem derart dicht bevölkerten Land, wo die Menschen eine gewisse Ordnung auf Plätzen und bei Veranstaltungen sehr schätzen. Niemand tanzt in dieser hochzivilisierten Gesellschaft aus der Reihe – und Sie möchten sicherlich kein Chaos verursachen, weil Sie diese Schilder nicht lesen können:

Iriguchi – Eingang   **Deguchi** – Ausgang

HARAJUKU & SHIBUYA

Shibuya

Harajuku Station

Takeshita Street

Omotesando Dori

Meiji Dori

Cat Street

JR Yamanote Line

Inokashira Dori

Inokashira Dori

AOYAMA →

Aoyama Dori

Roppongi Dori

Shibuya Station

N

Dieser Bezirk wirkt wild und witzig, und er ist betriebsamer, als es zunächst den Anschein hat. Er birgt viel Farbe, die ansteckende Energie von Teenagern und einen Schuss Frechheit. Junge Leute und Touristen fühlen sich von diesem Stadtteil magisch angezogen. Wer auf der Suche nach der neuesten internationalen Mode ist, wird in Harajuku und Shibuya fündig. »Sehen und gesehen werden« lautet hier das Motto, vor allem am Wochenende.

Zwar halten die Eingeweihten das Quartier für nicht mehr so »in«, wie es einmal war, weil die Trendsetter, ob kreativ, bodenständig oder bewusst ein wenig heruntergekommen, in die Stadtteile Koenji (s. S. 153) und das nahe Shimokitazawa (s. S. 76) abgewandert sind – aber es macht immer noch Spaß, die Menschen zu beobachten. Vor Kurzem hat dieser Wahlbezirk die Schwulenehe anerkannt, deshalb ist davon auszugehen, dass in Zukunft noch mehr Boutiquen und allgemein ein originellerer Stil Einzug halten werden. Derzeit fühlt sich das Quartier dem ersten Eindruck nach westlicher an als jeder andere Stadtteil Tokios. Wenn große Markennamen und amerikanische Kultur Sie anziehen, sind Sie hier an der richtigen Adresse.

Und auch wenn diese Ausrichtung Ihrem persönlichen Geschmack nicht gänzlich entspricht: Die Gegend ist ein Muss beim ersten Besuch in Tokio – authentischer werden Sie die Stadt nirgendwo anders erleben! Praktischerweise liegt das mondäne

LEGENDE

1 Meiji-Jingu-Schrein
2 Yoyogi Koen Park
3 Takeshita Street
4 Cat Street
5 Omotesando Hills
6 Golden Brown
7 Oriental Bazaar
8 Gyre-Gebäude
9 MoMA Store
10 Magnolia Bakery
11 Kiddy Land
12 Quico
13 The Roastery by Nozy Coffee
14 Scrapbook (Jeanasis)
15 C-Plus Head Wares
16 Pink Dragon
17 BIC Camera Store
18 Fünf-Straßen-Kreuzung
19 Nonbei Yokocho
20 Red Bar
21 Shibuya 109
22 Hikarie

Aoyama (s. S. 52) immer nur ein paar Schritte entfernt, von der Gegend rund um Harajuku Station führen viele Straßen übergangslos in das gehobene Nachbarviertel.

Die wohl berühmteste Aufnahme von Shibuya zeigt die ewig betriebsame Fußgängerampel, die fünf Richtungen verbindet. Meistens versuche ich, dem irren Trubel in diesem Stadtteil zu entgehen, wenn ich dann aber wieder einmal hier eintauche, spüre ich das angenehme Kribbeln beim Warten auf den Wechsel der Ampelfarbe. Meist bleibe ich zunächst stehen, genieße den Anblick und fotografiere diesen geordneten Tsunami von Menschenströmen, bevor ich mich ihm anschließe.

Die ganze Gegend lebt vom Entertainment, das auf Shopping, Essen und Trinken beruht. Nehmen Sie es häppchenweise zu sich, dann hält sich der audiovisuelle Stress in Grenzen. Nachfolgend möchte ich Ihnen einen kurzen Überblick verschaffen – wenn es Ihnen dort gefallen hat, dann kommen Sie wieder und konzentrieren sich auf die Aspekte, die Sie beim ersten Mal begeistert haben. In Shibuya wird derzeit viel für die Olympischen Spiele 2020 gebaut, danach wird der Stadtteil vermutlich noch mehr den Szenenbildern aus dem Film »Blade Runner« gleichen als heute.

In der Nähe der **Harajuku Station** 🚻 und dem majestätischen **Meiji-Jingu-Schrein** ❶ finden Sie am Wochenende immer noch Vorstellungen von kostümierten Kindern im **Yoyogi Koen Park** ❷. Rockabillies, Punks, Lolitas, düstere *goths* und *cosplayers* formieren sich zu einer Gruppe – wenn auch nur für einen Tag – und bieten eine interessante, rebellisch-angehauchte Kulturveranstaltung dar. Wenn dann auch noch der Flohmarkt im vollen Gange ist, kocht die Stimmung beinahe über. Sollten Sie auf der Suche nach originellen Souvenirs sein, die man nicht in den üblichen Läden findet, dann lässt dieser Markt keine Wünsche offen.

2

ハセガワ
コインロッカー
¥324
3

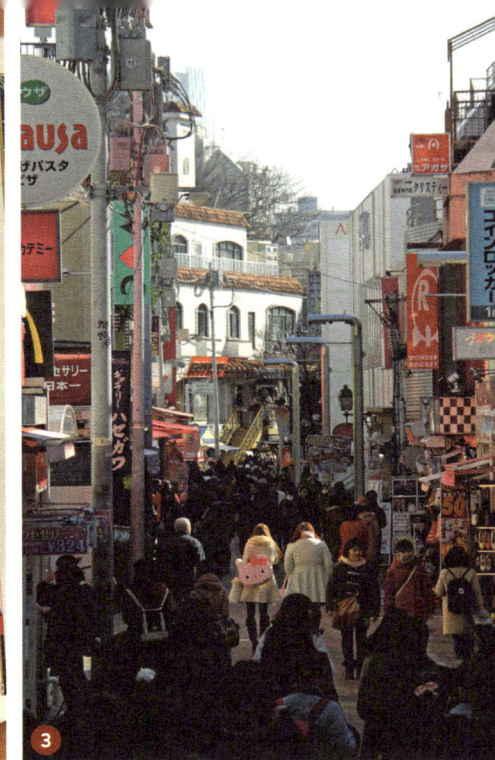

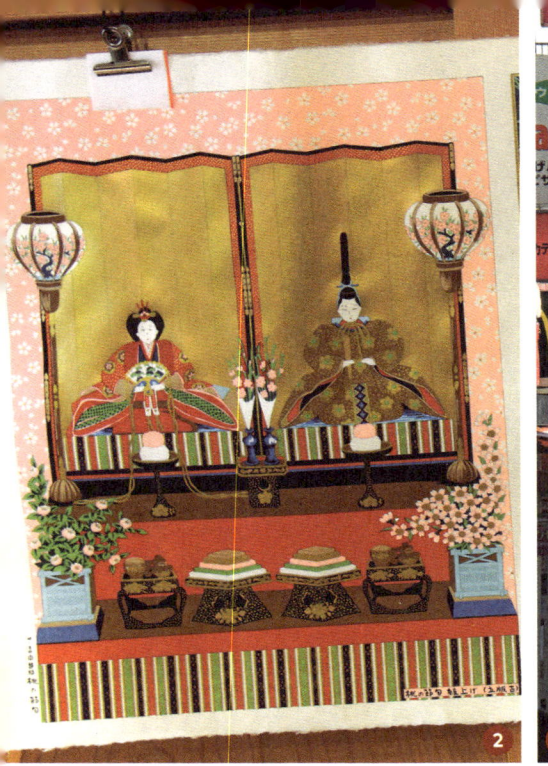

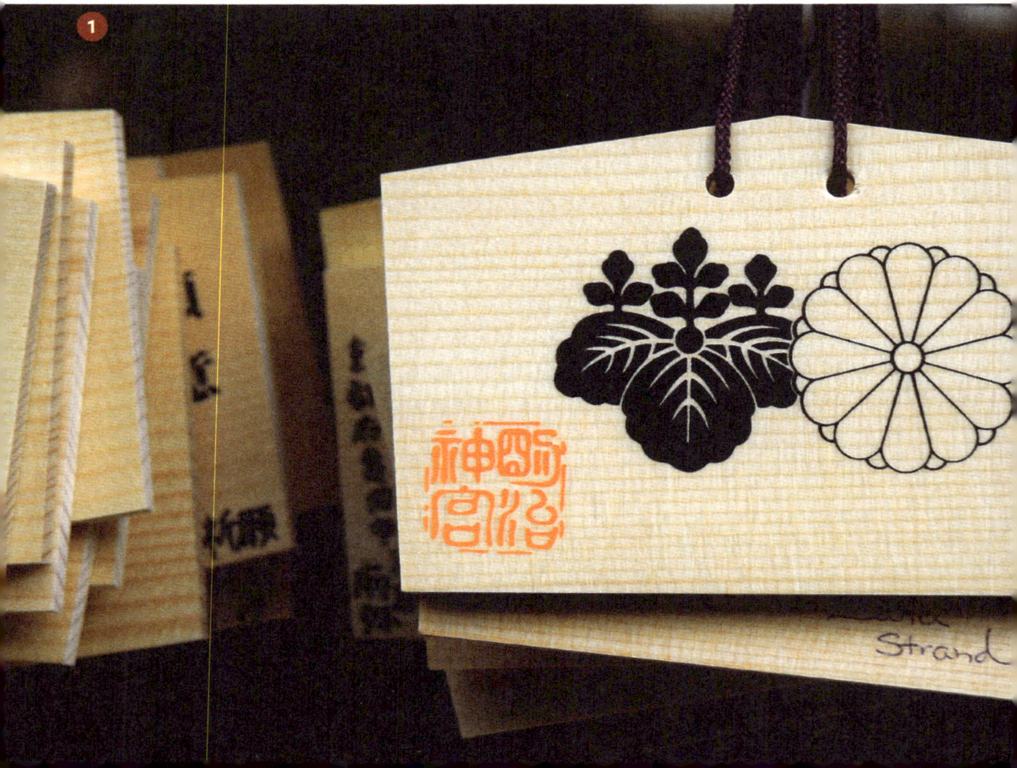
1
Strand

JANES RUNDGANG

Wir starten an der **Harajuku Station** ⑤. Folgen Sie der Traube aufgedrehter Teenager und treten aus der Metro-Station direkt auf die Straße, gegenüber steht das reizende alte Bahnhofsgebäude. Gehen Sie nach rechts (Richtung Süden), wo auf der rechten Seite eine breite Fußgängerbrücke die Gleise überwindet. Diese Stelle ist ein beliebter Treffpunkt und wird zumeist von Fußgängern bevölkert. Überqueren Sie die Brücke, halten sich dann rechts und treten durch das riesige *torii*-Holztor, von dem aus eine Allee zum **Meiji-Jingu-Schrein** ❶ führt. Der Abstecher in die Kultur wirkt beruhigend und stärkend auf mich, bevor ich mich auf die Menschenmassen von Harajuku einlasse.

Der **Meiji-Jingu-Schrein** ❶ ist einer der größten und beliebtesten in Tokio, 1920 zur Erinnerung an den geliebten Kaiser Meiji und seine Frau, die kurz nacheinander 1912 und 1914 gestorben sind, errichtet. Der Schrein liegt inmitten eines heiligen Wäldchens von Bäumen, die dem Kaiser zu Ehren gespendet und gepflanzt wurden. Am Wochenende kann es hier voll werden, aber die Menschen verteilen sich gut über das große Areal. Im Schrein finden oft traditionelle Hochzeitszeremonien statt, eine tolle Gelegenheit, ein Auge auf die prächtigen Kostüme und den Festzug zu werfen – wenn Sie Glück haben, können Sie aus der Distanz vielleicht sogar den Vollzug der formellen Riten beobachten.

Wenden Sie sich hinter dem Schrein nach rechts und freuen sich auf den **Yoyogi Koen Park** ❷. Am Wochenende finden hier oft spannende Events statt: ausgelassene Festivals, Antikmärkte, Aufführungen von Tanzgruppen, Rockbands und *Pretty Young Things* (PYTs), die ihre flippigen Outfits zur Schau tragen, einfach aus purer Freude – oder wollte doch irgendjemand ein Foto schießen? Halten Sie Ausschau nach der Vielzahl von Elvis-Darstellern! Oder heißt es im Plural »Elvi«? Der Park bildet seit Jahrzehnten ihre Bühne, und so wird es wohl auch bleiben.

Die Szenerie belebt sich erst am späten Vormittag. Die Märkte sind nicht zu übersehen, sobald einer öffnet, strömen bald Tausende Menschen herbei, die sich müßig durch die Stände treiben lassen. Wer Appetit auf Streetfood hat, findet hier viele beliebte Snacks zur Auswahl, wie *yakisoba*, *okonomiyaki* und *takoyaki* – auch wenn die Qualität recht unterschiedlich ausfällt.

Wenn es dann reicht mit den sich einander überbietenden Straßen-
musikanten und Zirkusakrobaten, gehen Sie wieder zurück zur
Fußgängerbrücke, überqueren die Ampelkreuzung und laufen den
Berg hinunter. Lassen Sie **Harajuku Station** 🕒 links hinter sich und
Sie gelangen zu einem bunten Torbogen auf der rechten Seite: dem
Eingang zur **Takeshita Street** ❸. Die Gasse ist unfassbar geschäftig:
Modeläden für junge Leute verkaufen alles von wildem Vaudevil-
le-Punk bis zu zuckersüßen Styles – *kawaiis*, japanisch für niedlich –,
Burger-Restaurants, Accessoires-Shops und Stände, die französische
Crêpes zubereiten, drängen sich hier aneinander.

Freuen Sie sich auf ein ganz besonderes Erlebnis und unterhaltsame Szenen! Wer mit kleinen Kindern unterwegs ist, sollte sie fest
an der Hand halten, sonst besteht die Gefahr, dass die Massen sie
mit sich fortreißen. Oder sind Sie gar in Begleitung eines Teenagers?
Dann ist es einfacher Sie vereinbaren einen Treffpunkt am Ende der
Straße ein paar Stunden später, denn die Jugendlichen werden sich
hemmungslos in die Kitsch-Shops voller Klamotten und Souvenirs

stürzen, und Sie verbringen die Zeit vermutlich angenehmer in einem hübschen Café.

Das östliche Ende der Takeshita Street bringt Sie zur Meiji Dori, dort überqueren Sie die Ampel und stehen am Beginn der Harajuku Dori. Gehen Sie auf dieser Straße nach Osten bis zu einem ruhigeren Abschnitt namens Urahara, einer Seitenstraße der Harajuku. Dort wird nicht nur die Mode ein wenig interessanter und vielfältiger, die vielen kleinen Läden bieten eine herrliche Auswahl verschiedenster Waren an.

Die schmalen Straßen dieses Karrees sind bezaubernd. In Richtung Aoyama, auf der Ostseite der Harajuku Dori, nimmt die Menschenmenge ab, und man gelangt in eine Wohngegend, die sich mit einer Vielzahl an stilvollen Geschäften für den gereifteren, edel-kreativen Geschmack schmückt (Details im Kapitel Aoyama, s. S. 52).

Wir konzentrieren uns jedoch auf den Punkt, an dem die Harajuku Dori auf die berühmte **Cat Street** ❹ trifft – eine lange Straße parallel zur und östlich von der Meiji Dori. Dort halten Sie sich nach dem

7

6

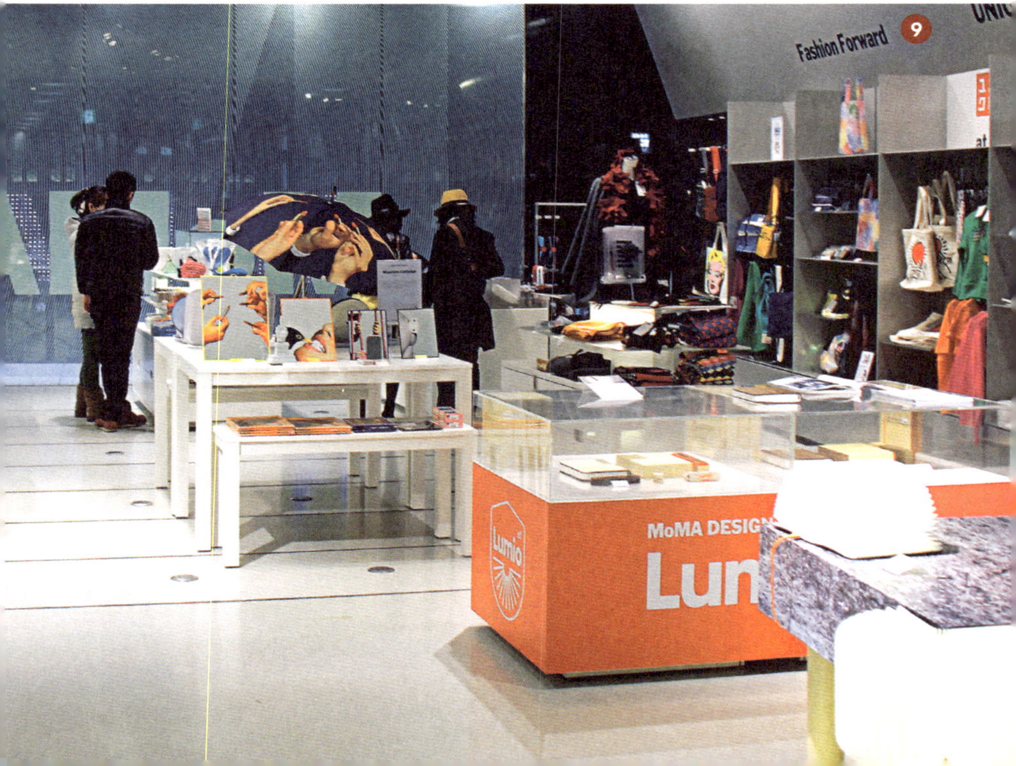

9

Fashion Forward

MoMA DESIGN
Lum

Family Mart rechts in Richtung Süden. Zwischen Designer-Camping- und -Sportläden, Geschäften mit handgemachtem Schmuck und *mode americaine* verstecken sich zahlreiche Cafés.

Sobald Sie auf die Omotesando Dori treffen – ein breiter Boulevard, der Harajuku mit Aoyama verbindet und mit teuren Mode- und anderen Shops gesäumt ist –, biegen Sie links ab und laufen die Straße zum Einkaufskomplex **Omotesando Hills** ❺ zur Rechten hinauf – dort beginnt offiziell Aoyama. Das Einkaufszentrum ist architektonisch reizvoll angelegt mit mehr Ebenen und Verzweigungen, als sie ein Flipperautomat hat. Abgesehen von einer Vielzahl teurer Läden, bereichern sehr schöne Restaurants und eine elegante Bar für Sake-Kostproben das Angebot. Das **Golden Brown** ❻ ist ein entspanntes, exzellentes Burger-Restaurant und der perfekte Ort, um sich unter junge Leute zu mischen – auch auf die Gefahr hin, dass sowohl der Name der Location als auch das Alter des Publikums melancholische Gefühle auslösen. Kein Zweifel, die Gerichte auf der schmalen Karte sind herausragend: perfekt gegrillte Burger und großartige Pommes, zu denen ein Bier oder eine Limo schmeckt. Fragen Sie nach dem in Japan gebrauten Wilkinson Ginger Ale von Asahi, das gibt es in zwei Geschmacksrichtungen – die Sorte »Dry« mundet herrlich würzig.

Nach dem Essen und Shoppen verlassen Sie das Einkaufszentrum und gehen die Straße bis zur nächsten Kreuzung (in der Nähe des Apple Stores) hinauf; überqueren Sie die Kreuzung zur gegenüberliegenden Seite der Omotesando Dori. Hier kehren Sie um und gehen in Richtung der Cat Street, dorthin, wo sie südlich der Omotesando verläuft.

Auf dem Weg liegt der nach wie vor beliebte **Oriental Bazaar** ❼, der sich in den Schatten der hohen Nachbargebäude mit ihren opulenten Glasfassaden und der Werbung von Coach, Hugo Boss, Louis Vuitton und Dior duckt. Wenn Sie nur einen Tag in Tokio bleiben können und auf Ihrer Shoppingliste ein Mitbringsel für alle steht – vom Baby über die Schwiegermutter bis zum Dackel des Freundes Ihrer Schwester –, dann finden Sie hier alles, was man sich nur vorstellen kann. Das Sortiment reicht von einfachen bis zu sehr hübschen Stücken: Kimonos, traditionelles und modernes Tischgeschirr, T-Shirts, Mount-Fuji-Nachbildungen, Antiquitäten und Ninja-Kostüme.

Nach dem Oriental Bazaar empfehle ich Ihnen, zügig durch das **Gyre-Gebäude** ❽ zu schreiten. Lohnenswert ist auch der Blick in den **MoMA Store** ❾, dort wird eine kleine, feine Auswahl japanischer

Designerwaren präsentiert: Keramik, Gläser, Schmuck, Bücher, skurriler Krimskrams und Büroartikel. In der Food-Hall im Untergeschoss befindet sich eine Reihe außergewöhnlicher Take-aways, unter anderem eine Filiale der berühmten **Magnolia Bakery** ❿ aus New York. Köstlich wie die Originale schmecken die wundervollen Brownies mit Pekannüssen … hatte ich schon erwähnt, dass diese Gegend ziemlich amerikanisiert ist?

Besuchen Sie, bevor Sie der Cat Street den Rücken kehren, das Kinderparadies **Kiddy Land** ⓫, der fünfstöckige Flagship-Store in Harajuku für Spielsachen. Das Geschäft gibt es schon seit über 60 Jahren. Legen Sie Ihren Besuch auf eine ruhigere Zeit, ansonsten laufen Sie Gefahr, in einer Horde jugendlicher Shopper am Ende des engen, *sushi-rice-packed*-Ladens festzustecken. Spiele, Bastel- und Büroartikel, Puppen, Dekomaterial – wenn es kitschig oder zumindest für Grundschüler cool ist, gehört es zum Sortiment!

Nehmen Sie die Eindrücke im pulsierenden Stadtteil am besten häppchenweise zu sich, dann vermeiden Sie allzu großen audiovisuellen Stress.

Gehen Sie ein paar Schritte zurück, um nach rechts, also südlich, in die Cat Street einzubiegen. Am Ende von Shibuya fallen dem aufmerksamen Spaziergänger einige Secondhand-Designer- und Vintage-Shops auf, die qualitativ Hochwertiges anbieten. Es lohnt sich, auf Entdeckungstour in die Seitenstraßen abzubiegen, wenn genügend Zeit bleibt – trotz aller Ablenkungen ist es einfach, von dort wieder zur Hauptstraße zu gelangen. Die lustigen und skurrilen Schaufensterauslagen entlang dieser Straße machen einfach Laune, egal ob Sie kaufen oder nur staunen wollen.

Wer auf der Cat Street zwischen den Outlets von Columbia und Oakley nach links abbiegt, stößt auf **Quico** ⓬, einen herrlichen Laden für außergewöhnliche Inneneinrichtung, Tischgeschirr und »Gewänder« mit auffallenden Stoffen; außerdem auf Schüsseln, geflochtene Bambuskörbe, Designermöbel und Ähnliches. Wenn Sie an der Kreuzung nach rechts gehen, dann erwarten Sie in den verwinkelten Gassen entzückende kleine Boutiquen, Schmuckläden und Cafés.

Auf halber Strecke zwischen Omotesando und Cat Street in Shibuya liegt **The Roastery by Nozy Coffee** ⑬ – ein wunderbarer Ort in Tokio für eine Tasse sehr guten Kaffees aus eigener Rösterei. Tokios Kaffeeszene ist relativ jung, und das edle Gebräu aus frisch gerösteten, reinen Kaffeesorten hat mit der nach verbrannten Autoreifen riechenden Plörre, die früher in den *kissaten*, serviert wurde, nichts mehr zu tun. Amen, lieber Kaffeegott! Verstehen Sie mich nicht falsch – ich liebe das herrliche Ambiente in den *kissaten,* und viele tischen einem heutzutage schon eine richtig gute Tasse Kaffee auf! Suchen Sie sich ein Kaffeehaus in einer ruhigeren Gegend aus – eine sehr charmante Art und Weise, ein wenig Zeit zu verplempern. Ich empfehle Ihnen, den Füßen eine Pause zu gönnen und neue Energie fürs Ausgehen in Shibuya zu sammeln. Und falls der Tag schon vorangeschritten ist, dann läuten Sie den Abend mit einem Coffee-Porter-Bier aus dem Craftbeer-Sortiment ein!

... dann erwarten Sie in den verwinkelten Gassen entzückende kleine Boutiquen, Schmuckläden und Cafés.

Ein paar Schritte weiter die Straße hinunter befindet sich auf der gleichen Seite das Ocean Tokyo Building. Trauen Sie sich hinein und entdecken Sie unterhalb des Suzu-Cafés (ein toller Ort, um Menschen zu beobachten, wenn man einen Fensterplatz ergattert) das Geschäft **Scrapbook (Jeanasis)** ⑭ – der Zusammenhang mit der »Genesis« lässt sich konstruieren, wenn man an besonders originelle, quasi gottgeschaffene Waren denkt. Das weiße und betongraue Interieur mit seinem industriellen Charakter und den hellen Holzapplikationen schafft einen perfekt-puristischen Hintergrund für die Auslage der typisch japanischen Designerware. Das Sortiment umfasst Kleidung, Sportschuhe, Accessoires, Make-up, Büromaterial und einen winzigen, aber sorgfältig sortierten Buchladen.

Gehen Sie in der gleichen Richtung weiter, an der Shibuya High School vorbei: Noch vor dem nächsten Family Mart, *conbini*, verkauft **C-Plus Head Wares** ⑮ eine schmale, jedoch einzigartige Kollektion schicker Kappen, Baskenmützen, Hüte und Beanies. Ein paar Häuser daneben, kurz vor dem ultra-skurrilen **Pink Dragon** ⑯ (alias Rock'n' Roll Department), einem Gebäude, das ein riesiges goldenes Ei ziert,

befindet sich ein Kleider- und Nostalgieladen. Er wirkt wie aus den 1950er-Jahren konserviert, mit integriertem Drachenmuseum und Personal, das passenderweise im Rockabilly-Stil auffrisiert ist – hier endet die Cat Street.

Folgen Sie der Straße, die sanft nach links in die Meiji Dori einbiegt. Nach vier Blocks in Richtung Shibuya Station gelangt man zu einer großen Kreuzung, rechts vorbei am riesigen **BIC Camera Store** ⓱. Der exzellent bestückte Mega-Laden mit äußerst wettbewerbsfähigen Preisen bietet eine sehr gute Gelegenheit, die eigene Film- und Kameraausrüstung zu komplettieren.

Mit direktem Blick auf den BIC Camera Store überqueren Sie die Ampel an der südlichen Ecke und halten sich dann nach Westen – in wenigen Minuten treffen Sie auf die bereits erwähnte **Fünf-Straßen-Kreuzung** ⓲. Ganz in der Nähe befindet sich ein besonderes, wenn auch unscheinbares Sträßchen, das entlang der Schienen der Yamanote-Bahnlinie verläuft. Nach Einbruch der Dunkelheit erkennen Sie **Nonbei Yokocho** ⓳ an den leuchtenden Laternen, frei übersetzt heißt der Name »die Gasse der Betrunkenen«.

Die berühmt-berüchtigte Nonbei Yokocho verschafft dem Spaziergänger eine kleine Auszeit vom modernen Shibuya.

Zwei parallel verlaufende Gassen beherbergen eine Reihe winziger, hüttenartiger Bars und Restaurants mit jeweils nur einer Handvoll Sitzplätzen; sowohl unter die Kundschaft als auch unter die Eigentümer haben sich einige unglaubliche Originale gemischt. Tingeln Sie in Tapas-Manier durch die Lokale, kosten Sie hier an *yakitori* oder hausgemachten Gerichten oder bandeln Sie dort über einem Hibiki-Highball-Cocktail mit dem Barmann an. Eine besonders beliebte Kneipe steuert die lokale Bevölkerung in den späten Nachtstunden an: die **Red Bar** ⓴, alias Kronleuchter-Bar, die erst am Abend öffnet. Wer es geschafft hat, sich durch das enge Stiegenhaus nach oben zu quetschen, hat sich einen oder zwei Drinks in dieser legendären Mini-Bar wahrlich verdient. Die Klientel ist eine spannende Mischung aus gut aussehenden jungen Menschen und leicht verwelkten, kreativen Grunge-Typen. Mit allen kommt man schnell in Kontakt, weil sich die Kundschaft beinahe gegenseitig auf dem Schoß sitzt.

Die Klientel ist eine spannende Mischung aus gut aussehenden jungen Menschen und leicht verwelkten, kreativen Grunge-Typen.

Wenn Sie wieder Platz zum Atmen brauchen, kehren Sie zur Hauptstraße zurück und laufen ein paar Minuten weiter in Richtung Shibuya Station, in deren Umgebung sich eine Reihe von Shoppingzentren ausbreitet, unter anderem das Shibuya-109-Gebäude, das mit seiner über mehrere Stockwerke verlaufenden Leuchtreklame nicht zu übersehen ist. **Shibuya 109** ㉑ stellt eine Art Landmarke dar, an der man sich gut orientieren kann; also schauen Sie einfach nach oben, wenn Sie meinen, sich verlaufen zu haben. Zwischen Shibuya 109 und dem JR-(japanische Eisenbahn)-Hachiko-Eingang liegt eine gepflasterte Fläche, in deren Mitte die kleine Statue eines berühmten Hundes steht. Der Akitarüde Hachiko wurde für seine grenzenlose Loyalität verewigt – jeden Abend wartete er hier, um sein Herrchen von der Bahnstation abzuholen, sogar noch Jahre nach dessen Tod. Hachiko versinnbildlicht das Durchhaltevermögen, das die Japaner so sehr verehren. Die Statue ist überdies ein sehr beliebter Treffpunkt, manchmal so belagert, dass man den armen Hund gar nicht mehr erkennt. Hollywood hat die Geschichte mit Richard Gere in der (menschlichen) Hauptrolle verfilmt.

Um ehrlich zu sein, kann ich Shoppingzentren nicht viel abgewinnen, mir läuft es schon kalt den Rücken herunter, wenn ich nur eines betreten muss. Wenn es Ihnen genauso geht, dann empfiehlt es sich, nicht zu viel Zeit in diesem Viertel zu verbringen. Wenn Sie jedoch den Drang verspüren, nur eines exemplarisch zu besuchen, dann durchqueren Sie den Bahnhof in Richtung des Ostausgangs.

Dort beginnt eine Fußgängerbrücke, die über die Straße und direkt in einen neuen Büroturm führt, in dem sich auch die Shoppingmall **Hikarie** ㉒ verbirgt. Die Anlage der Mall ist gelungen, die stilvollen Geschäfte und ihr Angebot zeichnet ein jeweils eigener Charakter aus. Es gibt ein paar gemütliche Restaurants, das Ambiente der Bar wirkt jedoch ein wenig abschreckend. In den höheren Etagen finden oft interessante kulturelle oder kreative Events statt, und die großen Fenster bieten einen beeindruckenden Blick über den Shibuya-Bezirk. Von der nahegelegenen Shibuya Station aus können Sie die Besichtigung fortsetzen. ●

AOYAMA

Aoyama

HARAJUKU

Omotesando Dori

Aoyama Dori

Omotesando Station

Miyuki Dori

Kotto Dori

SHIBUYA

7
8
6
10
9
11
12
13
28
27
22
25 →
26 →
5
4
15
14
23
16
17 18
3
2
19
21
1
20
24

LEGENDE

1 Bauernmarkt an der United Nations University (UNU)
2 Pierre Hermé
3 Found Muji
4 Momotaro Jeans
5 Two Rooms
6 OPA gallery shop
7 Bread and Espresso
8 Lattest Omotesando Espresso Bar
9 Mr. FARMER
10 Maisen
11 Gallery Kawano
12 nest Robe
13 Brown Rice Canteen
14 Shito Hisayo
15 Daimonji
16 A.P.C.
17 Shoyeido
18 Lisn
19 Bloom & Branch
20 Tsutaya
21 Madu
22 Higashiya
23 Plain People
24 Nezu Museum
25 National Art Centre
26 Souvenir from Tokyo
27 Blue Bottle
28 Commune 246

Die Atmosphäre im Stadtteil Aoyama verspricht an einem strahlenden Sonntag grenzenlose Urlaubsfreude – wenn entspanntes Shopping, gutes Essen, ein exzellenter Kaffee und das Beobachten von Menschen Ihrer Vorstellung eines perfekten Tages entsprechen. Viele Szenen hier sind postkartenreif.

Den zentralen Abschnitt der Aoyama Dori säumen Geschäfte mit Luxusgütern und Haute Couture aus der ganzen Welt – meist in spektakulärer, glitzernder Architektur präsentiert. Die Gebäude sind gespickt mit eleganten Restaurants und Cafés.

Luxusschlitten schleichen aufmerksamkeitsheischend die Straße entlang, und die Reichen flanieren mit ihren Pudeln im Partnerlook. Falls Sie den Geldbeutel nicht mit Ihren Goldreserven gefüllt haben, empfehlen sich die hinteren Straßen der Kita (nördlich) oder Minami (südlich) Aoyama, diese verlaufen jeweils parallel zur Hauptstraße. Dort haben Boutiquen für extravagante Artikel, Läden mit Designer-Haushaltswaren, traditionelle Geschäfte und lässigere Lokale ihren Platz gefunden.

Aoyama, »der blaue Berg«, ist definitv um einiges mondäner als seine direkten Nachbarn Harajuku und Shibuya (s. S. 28) – beide in Sichtweite. In Aoyama können Sie gut und gern ein ganzes Wochenende im Kaufrausch verbringen und sich vom Luxusangebot verwöhnen lassen. Wenn Sie aber in den Schnellgang schalten, dann reicht für das Viertel auch ein Tag.

1

JANES RUNDGANG

Verlassen Sie **Omotesando Station** 🚇 in Richtung Aoyama Dori. Es gibt einige Ausgänge, am besten nehmen Sie B 4, der direkt an die Ecke Aoyama Dori und den höchsten Punkt der Omotesando Dori führt (die Straße verläuft hinunter nach Harajuku).

Sollte Ihr Besuch auf ein Wochenende oder einen Feiertag fallen, dann gehen Sie von hier etwa 400 Meter auf der Aoyama Dori in Richtung Shibuya, dort findet der **Bauernmarkt an der United Nations University (UNU)** ❶ statt. Südlich der Kita Aoyama beginnt Shibuya. Ich würde eine gute Stunde für den Markt einplanen, hier stapeln sich nie gesehene Lebensmittel, biologisch-dynamisch angebaute Produkte und das eine oder andere antike Stück, aber vor allem begegnen Sie sehr freundlichen Bauern. Sollten Sie in einem

Apartment untergekommen sein, dann bietet sich hier die Gelegenheit, den Kühlschrank aufzufüllen.

Ein paar Schritte nördlich des Markts verspricht **Pierre Hermé**
❷ jegliche Entzugserscheinungen, denen ein Reisender in Sachen
Schokolade und Makronen ausgesetzt sein könnte, zu beheben –
auch wenn das eher unwahrscheinlich ist, weil Tokios kulinarisches
Angebot jede Naschkatze zum Schnurren bringt.

Wer sein an gutem Stil geschultes Auge nach Norden richtet, wird
sicherlich **Found Muji** ❸ auf der linken Seite nicht übersehen. Viele
Menschen weltweit schätzen und lieben die Über-Marke Muji für
ihre Philosophie, ästhetische und funktionelle Lifestyle-Produkte zu
vernünftigen Preisen zu verkaufen; hier nun gibt es zusätzlich ein
Sortiment wundervoller, handverlesener Muji-Schätze aus Japan und
dem Rest der Welt – eine vielfältige Kollektion mit Haushaltswaren,
inklusive Kochgeschirr und Bettwäsche, jede Menge Ideen zu Innendekoration und Kleidung, alles zu fairen Preisen.

Weiter geht's zum knapp 90 Meter hohen AO Building mit 16 Stockwerken hinter seiner bezaubernden Glaskonstruktion. Trendscouts,
die exquisite, handgemachte japanische Jeans in kompromissloser
Qualität suchen, finden sie bei **Momotaro Jeans** ❹. Japanische
Denimprodukte, mit natürlichem Indigo gefärbt, sind seit Jahren ein
Geheimtipp, völlig zu Recht, denn sie werden aufwendig produziert.
Passend zu den Jeans bietet der Laden Kleidung und Accessoires
zum Kombinieren an. Ansonsten gibt es in diesem Gebäude nicht
viel zu sehen, mit Ausnahme ein paar edler Restaurants. Wenn Sie
am Abend immer noch in der Gegend sind, empfehle ich Ihnen
wärmstens ein Dinner im **Two Rooms** ❺ (s. S. 278).

Für den Fall, dass Sie nicht Ihr Jahresgehalt in ein Diamantencollier
investieren möchten, legen Sie in der Omotesando-Straße gleich
gegenüber die Scheuklappen an. Die nächsten 300 Meter reihen sich
die Luxusgeschäfte aneinander, vor denen die mondänen Gassigeher
ihren verwöhnten, pelzigen Babys ein wenig Auslauf gönnen. Nach

6

LATTES

OMOTESANDO ESPRESS

Come in! we're O

Coffee

LATTEST

8

10

dem prunkvollen Brooks Brothers führt am Aoyama-Takano-Gebäude ein Gässchen links ab direkt zum **OPA gallery shop ❻**.

Der unterhaltsame, pfiffige Laden führt in seinem wechselnden Sortiment nur handgemachte Stücke von lokalen Künstlern. Zurück auf der Straße gehen Sie weiter nach Westen bis zur zweiten Kreuzung; hier pulsiert die Hauptschlagader des Viertels, die mit einem Labyrinth an kleinen Straßen Aoyama und Harajukus Cat Street (s. S. 37) verbindet. Eine bunte Mischung aus von Kopf bis Fuß elegant gekleideten Leuten, aus Hipstern, Bohos und jungen, ultramodernen Fashionistas sorgt für die tolle Atmosphäre.

Wenn Sie von den diversen Köstlichkeiten probiert haben, können Sie Ihren Weg gestärkt fortsetzen – aber auch falls Sie für ein Schläfchen ins Hotel wollen, wird jeder Verständnis haben.

Zur Rechten wechseln sich nette Bistros für die Kaffeepause oder die kleine Zwischenmahlzeit ab, unter anderem das beliebte **Bread and Espresso ❼** und **Lattest Omotesando Espresso Bar ❽**.

Wer Appetit auf das berühmte japanische *tonkatsu*, das frittierte und panierte Schweineschnitzel, verspürt, sollte seine Schritte nach links lenken, vorbei am **Mr. FARMER ❾** – einem biologisch-dynamisch-orientierten Café, das die Produkte von Bauern aus der Nähe in seinen Salaten, Suppen und Sandwiches verabeitet –, und das Hauptgeschäft des famosen **Maisen ❿** betreten. Das Mittagessen in Japan beginnt gegen 11 Uhr, kommen Sie so früh wie möglich, dann gibt es freie Platzwahl und von allen Gerichten noch im Überfluss. Lust auf süßes, zartes, fettiges Schweinefleisch? Dann greifen Sie an der Theke zu einer Portion *rosu katsu* (Lende), bevor die Einheimischen zulangen, denn die Tagesspezialitäten werden nur in begrenzter Menge angeboten. Außerdem gibt es *ebi furai* (frittierte Garnelen) mit Tartarsoße und Kroketten mit Krabbenfüllung für die Fleischallergiker. Wenn die Warteschlange zu lang ist – und das passiert häufig –, dann helfen die *katsu-sando* (Sandwiches) an einem Kiosk beim Eingang über den ersten Hunger hinweg. Wenn Sie von den diversen Köstlichkeiten probiert haben, können Sie Ihren Weg

gestärkt fortsetzen – aber auch falls Sie für ein Schläfchen ins Hotel wollen, wird jeder Verständnis haben.

Wollen Sie in Richtung Harajuku abschweifen, dann führt die nächste Straße nach links bis zur Cat Street hinunter. Die Gegend dazwischen füllen hauptsächlich Wohnhäuser, mit ein paar sehr interessanten Anschauungsobjekten – von schlanker, top-moderner Architektur aus poliertem Zement und buntem Glas in Naturfarben bis zu wunderschön restaurierten, traditionellen Häuschen; auch ein paar Läden und Cafés gesellen sich dazu.

Ein paar Schritte retour zum **Maisen** ❿ und etwa sieben Häuserblocks nach Süden wartet die charmante **Gallery Kawano** ⓫, die sich auf antike Kimonos und Textilien spezialisiert hat.

Die streng geordnete »Galerie« ist eine wahre Fundgrube für Second-hand-Kimonos, *yukata* (leichte Sommerkimonos), *obi* (Kimonogürtel) und Stoffe in einem Kaleidoskop an Farben. Das freundliche Personal spricht ausreichend Englisch, um mit den Größen und der Abstimmung von Farben und Mustern behilflich zu sein.

Direkt vor dem Geschäft ist eine T-Kreuzung: Die Straße nach rechts führt zurück in Richtung Cat Street und Omotesando Dori vorbei an weiteren Läden.

Biegen Sie jedoch nach links, wenn Sie diese Tour fortsetzen wollen. Das Rückgebäude des Gold's Gym liegt zur Rechten, darüber die strategisch klug platzierten Afternoon-Tea-Stände und See's Candles links. Ebenso auf der linken Seite befindet sich **nest Robe** ⑫, das elegante, lässige japanische Mode für Frauen und Männer in Naturtönen und -stoffen verkauft. Der Großteil der Damenkollektion hängt hier in Konfektionsgröße F für »frei« und fließend – die ideale Reisekleidung.

Über die nächste Abzweigung nach rechts gelangt man bis zur Omotesando Dori, dort kreuzen Sie die Ampel in der Nähe des Apple Stores zu Ihrer Linken und folgen der langen Straße, die Filialen von Coach und Hugo Boss flankieren.

Wenn Sie den *tonkatsu*-Laden auf der Suche nach »purer« Nahrung ausgelassen haben, dann probieren Sie **Brown Rice Canteen** ⓭ bei Neal's Yard auf der rechten Seite. Die äußerst preiswerten Lunch-menüs kombinieren Tofu und Gemüse der Saison und reinigen Körper und Seele von jeglichem schlechten Shopping-Gewissen.

Bleiben Sie weiter auf dieser Straße, mondäne Modegeschäfte und Häuser im alt-europäischen Stil wechseln sich ab; nehmen Sie sich ein wenig Zeit für dieses Quartier, wenn spannende Architektur zu Ihren Hobbys gehört. Auch diese Straße zieht sich in westlicher Rich-tung bis nach Harajuku und nach Süden bis nach Shibuya (s. S. 28).

Der Route weiter folgend biegen Sie links in die Einmündung. **Shi-to Hisayo** ⓮ liegt rechts – im Schaufenster hängen seine faszinierend modernen und teuren Kimonos –, dann folgt **Daimonji** ⓯. Dieses Geschäft beeindruckt mit seinem vielseitigen Sortiment an Kera-mik, Lackarbeiten und Glasgefäßen für den Tisch und das Zuhause zu absolut fairen Preisen. Ich komme nie aus diesem Laden, ohne mindestens eine hübsche kleine Sake-Tasse für meine Kollektion erstanden zu haben.

Der nächsten Straße rechts folgen Sie bis zum Ende, dort befin-det sich die Aoyama-Filiale von Frankreichs **A.P.C.** ⓰ – luxuriöse, elegant-lässige Kleidung in einem schönen Store, der sich vom Straßenniveau aus ins Untergeschoss erstreckt. Darüber sind zwei herausragende Läden für japanische Räucherstäbchen untergebracht: **Shoyeido** ⓱ mit traditionellen, handgemachten Räucherstäbchen aus Kyoto, gegründet im Jahre 1705 und seither in seiner Qualität unübertroffen; und **Lisn** ⓲, die moderne Version des Konkurren-ten. Lisn ist ein glamourös gestalteter Shop, wo feine Stäbchen in frischen Farben mit verführerischen Duftnamen, die praktischer-weise in ganzer Länge aufgedruckt sind, angepriesen werden. Die Musterkollektion wechselt mit jeder Jahreszeit und birgt enormes Geschenkpotential, auch wenn man sich selbst etwas Gutes tun möchte. Ich bin ganz vernarrt in beide Läden, habe aber beobachtet,

15

有松 進
白絹彩大鉢
¥6,660

貴入小鉢
税込　¥2,160
本体　¥2,000
一富

織部つわぶき皿
税込　¥2,700
本体　¥2,500
一富

有松 進
白釉織部小鉢
税込　¥3,888
本体　¥3,600
一富

織部丸小皿
¥3,612
本体　¥3,400

17

グレープフルーツ

21

dass die Verpackung und die Zugaben (Brenner und Schachteln) von Lisn bei der stilbewussten Kundschaft besser ankommen. Japanische Räucherstäbchen riechen ganz und gar nicht widerlich, wie man das aus anderen Ländern kennt. Ihr duftender Rauch wird zu Hause die schönsten Urlaubserinnerungen an japanische Tempel und Zen-Ge-murmel heraufbeschwören.

Gehen Sie in Richtung Osten auf der Aoyama Dori zurück zur Ecke des **Found-Muji** ❸ Ladens, dort nach links und an der Ampel über die Straße. Nun sind Sie in Minami Aoyama, eine Gegend, die sich im Südosten der Aoyama Dori erstreckt. Auf dieser Seite der Aoyama Dori, nur einen Steinwurf entfernt, herrscht eine ganz andere Stimmung vor, und ein Spaziergang dort ist ebenso reizvoll.

Zur Rechten steht der schicke Concept Store **Bloom & Branch** ⑲ mit tollen Ideen für den kreativen Lifestyle. Das Warenangebot konzentriert sich auf modernes japanisches Handwerk, antike Volkskunst und eine Auswahl an Qualitätsstücken von Kleidung bis Schmuck – sogar ein kleines Café versteckt sich im Laden. Gleich nebenan liegt **Tsutaya** ⑳ mit Ausstattung für die Teezeremonie – wunderschöne Teedosen und Ähnliches – und handgemachte Werkzeuge für *ikebana*, die traditionellen Blumenarrangements. Überqueren Sie die Straße nach Norden und folgen der Gasse hinter Max Mara, parallel zur Aoyama Dori.

Unternehmen Sie einen Abstecher in die schmalen Seitengassen entlang dieser langen Straße oder gehen Sie geradeaus weiter bis an ihr nördliches Ende. Auf dem Weg liegt **Madu** ㉑ – definitiv interessant genug, um nochmal einen Blick auf feinste japanische Haushaltswaren zu riskieren und eine Reihe von Bars und Restaurants in Augenschein zu nehmen. Am Straßenende wartet eine wunderschöne, traditionelle japanische Konditorei, *wagashi*, namens **Higashiya** ㉒.

Wer noch vor Higashiya nach rechts abbiegt, findet sich in einem schimmernden Teil von Aoyama wieder; vor allem in den frühen Abendstunden funkelt es hier besonders schön – wenn die Auslagen von Comme des Garçons, Chloe und Cartier und allen voran das majestätische Rautengebäude aus diamant-förmigem Glas und Metall von Prada ihre Pracht entfalten. Gehen Sie weiter bis zum **Plain People** ㉓, das originelle und extrem begehrte Kleidung und Waren verkauft, denen man nicht jeden Tag begegnet, darunter auch ein paar ausgewählte Lifestyle-Produkte.

Ein wenig weiter in der gleichen Richtung zeigt das bezaubernde **Nezu Museum** ㉔ seine Schätze. Sein Ruhm basiert nicht nur auf der umfangreichen privaten Sammlung alter japanischer und asiatischer Kunst, unter anderem von Keramik für die Teezeremonie, von kalligrafischen Schriftrollen, Textilien, Handwerk aus Bambus und Skulpturen, sondern rührt auch auf seiner üppigen Gartenanlage – allein ein Spaziergang dort ist den Museumsbesuch wert. Im Herzen steht ein antikes Teehaus, die vielen schattigen Plätzchen laden zum Hinsetzen und Nachdenken ein über *jizo* und all die anderen Gottheiten, die am Weg stehen. Das Café lebt von eleganten, modernen, zen-inspirierten Elementen, die großflächigen Fenster gehen hinaus

24

auf das friedliche Grün. Dieser Ort liegt gefühlsmäßig eine Galaxie vom Zentrum Aoyamas entfernt, als ob man kurz in den Urlaub gefahren sei. Ich kann Ihnen nur empfehlen, den Aoyama-Shopping-Tag mit dieser reizenden Unterbrechung zu krönen.

Im Herzen der Gartenanlage steht ein antikes Teehaus, die vielen schattigen Plätzchen laden zum Hinsetzen und Nachdenken ein.

Bis zum schlichtweg beeindruckenden **National Art Centre** ㉕ ist es nur eine kurze Taxifahrt. Dieses Gebäude, vom international anerkannten Architekten Kisho Kurokawa entworfen, sieht genauso aus, wie man sich das Highlight der avantgardistischen Kunstszene Tokios vorstellt. Selbst wenn in seinem Inneren kein Stück Kunst hinge, wäre es den Besuch wert, nur um die großartige Konstruktion aus Stahl und Glas zu bewundern. Tatsache ist, dass das National Art Centre weder über eine permanente Sammlung noch über ange stellte Kuratoren verfügt. Selbst für einen Kunst-Laien wie mich ist offensichtlich, wie viel Mühe investiert wurde, dem Ausstellungs-publikum ein tief emotionales und perfekt inszeniertes Kunsterlebnis zu ermöglichen.

Jede Sammlung kommt mit einer ganz eigenen, frischen Perspektive und Energie daher. Der Fokus liegt auf der Vielfalt und der Verbin-dung, ob nun ein Meisterkalligraf seine perfekten Pinselstriche zeigt oder einer der neuen Stars unter den japanischen Künstlern die rohe Schönheit seiner Werke präsentiert. Die Optionen für eine kleine Pause reichen vom Kaffee bis zum erstklassigen Gourmetmenü und laden dazu ein, so lange wie nur möglich an diesem überwältigenden Ort zu verweilen. Schauen Sie auf jeden Fall im Museums-Shop im Erdgeschoss vorbei, **Souvenir from Tokyo** ㉖ ist praktisch eine eige-ne Ausstellung mit attraktiven Kunstartikeln und Designprodukten.

Ein kurzer Abstecher führt nach **Higashiya** ㉒ zurück … dahinter, am Ende der Straße, die nach Norden abzweigt, biegen Sie links ab; auf der rechten Seite steht das berühmte amerikanische Kaffeehaus **Blue Bottle** ㉗, das selbst ernsthafte Kaffee-Aficionados angeblich tief beeindruckt. Die kalifornische Kult-Rösterei unterhält in Japan nur zwei Geschäfte, beide in Tokio, eines davon mit einer integrierten Rösterei.

Die großzügig gestaltete Filiale in Aoyama lockt mit einem hübschen Innenhof, Espresso-Spezialitäten, geeistem Kaffee und Teilchen zwischen süß und deftig.

Wenn sich Ihr Gaumen nach Herzhaftem sehnt, dann folgen Sie der nächsten Straße nach rechts zum Seiteneingang der **Commune 246 ㉘**, wo eine Ansammlung von Esswagen und -ständen das Menü präsentiert. Besucher genießen ihre Take-aways in aller Ruhe an einem der kleinen Tische. Das Ambiente ist fröhlich, sicherlich ein guter Ort, um einen anstrengenden Tag ausklingen zu lassen und den schmerzenden Füßen eine wohlverdiente Pause zu genehmigen.

Sollte nach dem erheblichen Kreditkarteneinsatz schon Zeit fürs Abendessen sein und Ihnen schwebt der gebührende Abschluss eines fabelhaften und glanzvollen Tages vor, dann empfehle ich, zum Dinner ins Lokal **Two Rooms ❺** im AO-Gebäude zurückzukehren. ●

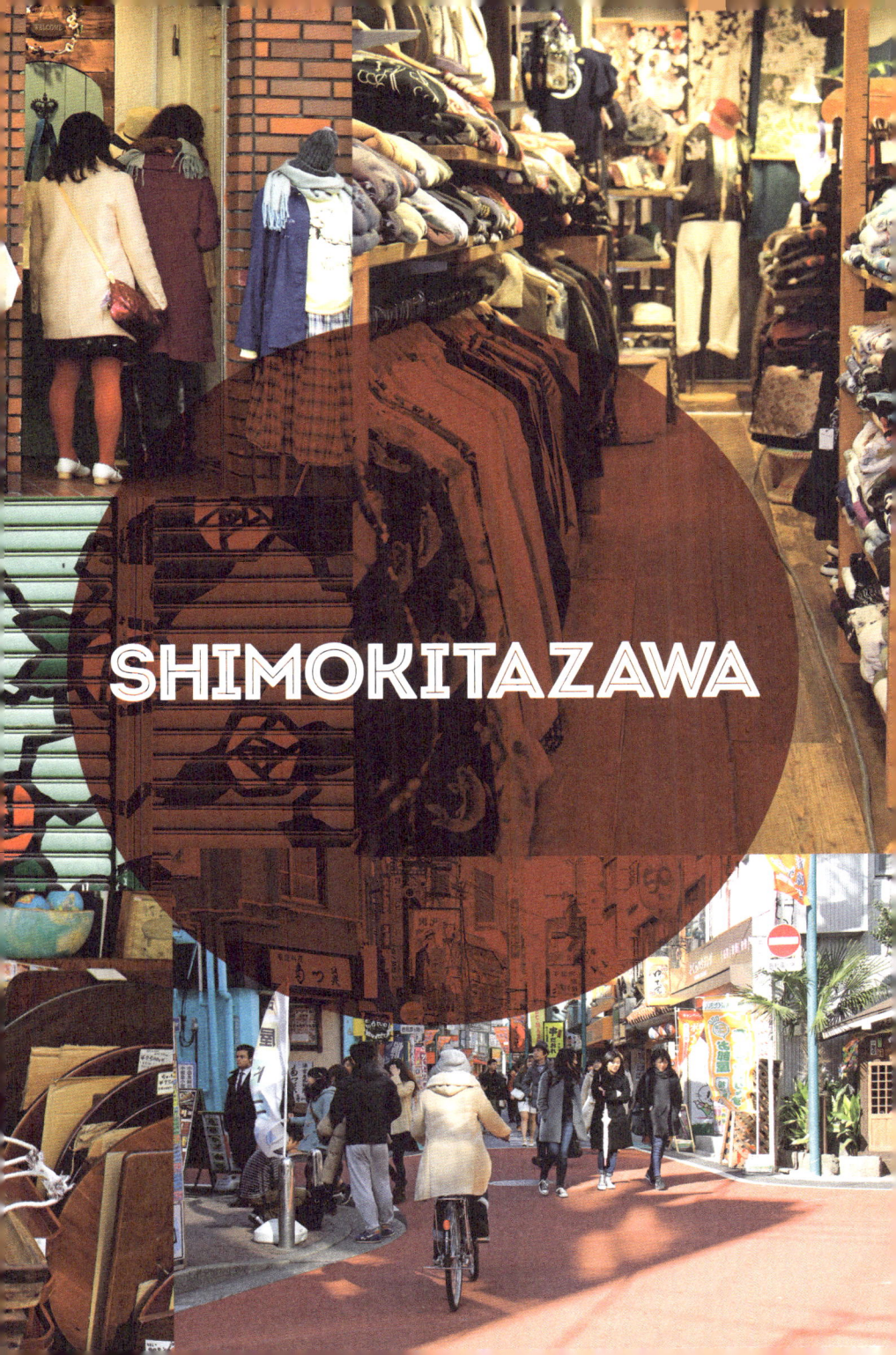

SHIMOKITAZAWA

Shimokitazawa

SHIBUYA & HARAJUKU →

17
16
15
5
14
3
2
4
11
8
9
6
10
7
1
12
13

21 22
20

23
→

Odakyu Odawara Line

Shimokitazawa
Station

Keio Inokashira Line

18
19

NAKA MEGURO
↓

Es ist nicht ganz einfach in Worte zu fassen, aber das lässige und leicht schmuddelige Shimokitazawa hat eine ganz besondere Ausstrahlung. Verständlicherweise ist das Viertel bei Künstlern und Musikern sehr beliebt, und in den letzten Jahren hat auch die junge Bevölkerung Tokios das angesagte Quartier für sich entdeckt. Günstige und zwanglose Speiselokale gibt es hier zuhauf, und wer Koffein liebt, wird sicherlich bestens versorgt.

Im kleinen Shimokitazawa – oder »Shimokita« im lokalen Slang – vergisst man sehr schnell, wie nah das geschäftige Treiben von Shibuya ist. Als Erstes werden Ihnen vermutlich die relaxten Ladenbesitzer auffallen; der Spaßfaktor ist hier allerorten spürbar. In diesem niedrig gebauten Stadtteil tragen einige Läden bekannte Modenamen – Muji zum Beispiel, doch der Großteil der Geschäfte befindet sich in Privatbesitz; darin liegt bestimmt ein Grund für die Vielschichtigkeit des Viertels.

In diesem Quartier voll bunter Graffitis beginnt das Leben ein wenig später als in anderen Teilen der Stadt. Die junge, leicht verkommene Nachbarschaft riecht – in positivster Weise – regelrecht nach Kunstszene, zu ihren Begleiterscheinungen gehören haufenweise Vintage- und Retro-Modeshops, Antiquitäten und alte Plattenläden mit Scheiben zu Schnäppchenpreisen. Eine Vielzahl von Geschäften verspricht Unterhaltung aller Art – am besten heben Sie sich die Entdeckung von Shimokitazawa für einen faulen Tag auf.

LEGENDE

1 Ichibangai
2 Sencha
3 Slick mist
4 Marble Sud
5 Soffitto
6 Natural Laundry
7 Pinkertons
8 Ruelle
9 Antique Life Jin
10 Alaska vintage clothing
11 Flamingo
12 The Sun Goes Down
13 Shimokitazawa Garage Department
14 B-Side Label
15 Bear Pond Espresso
16 N.Y. Cupcakes Cupcakery
17 8 Jours
18 Tenmaya Curry Pan
19 Antiquaille
20 Suzunari
21 Theater 711
22 Suzunari Yokocho
23 Mingei-kan

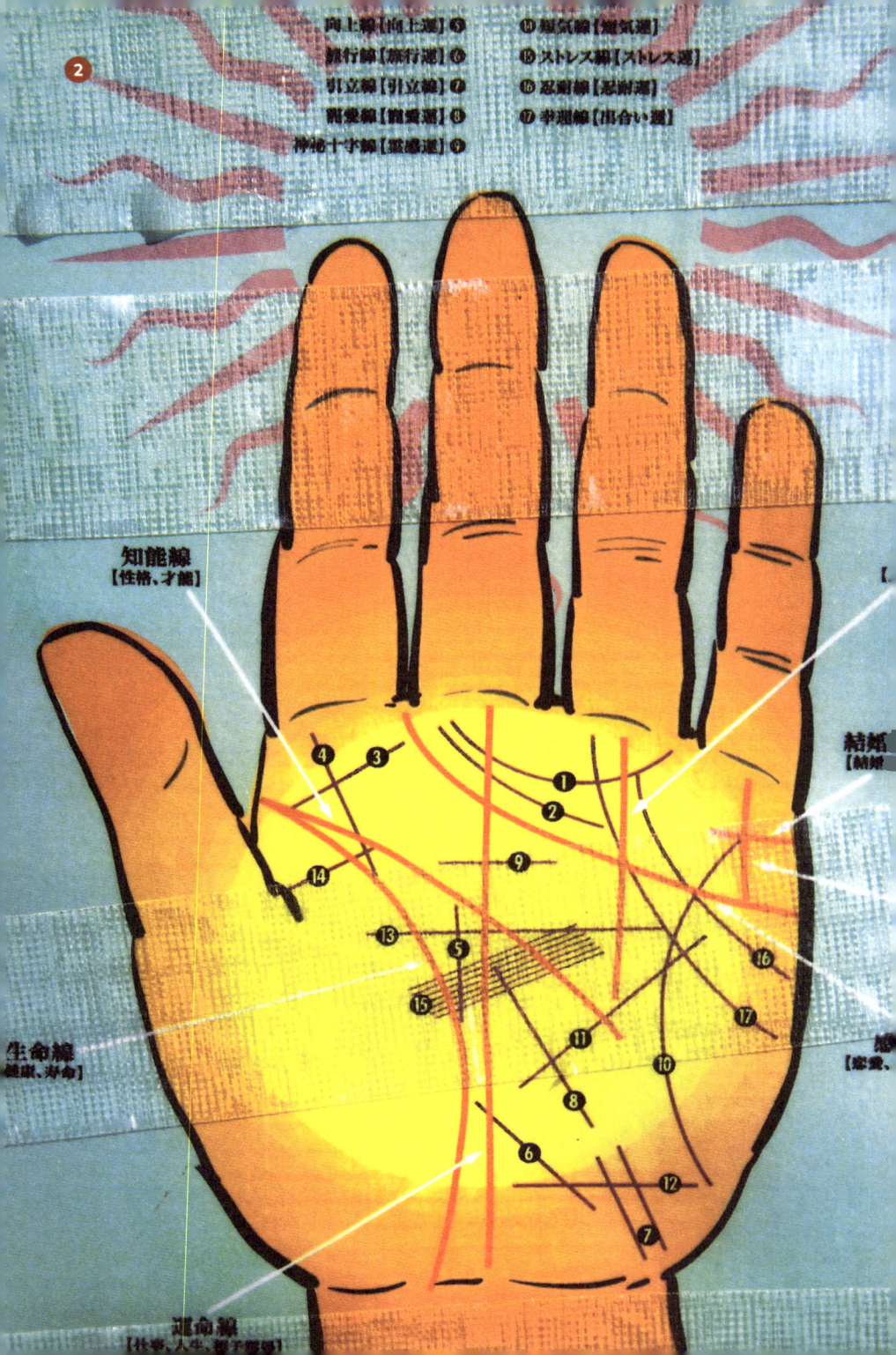

JANES RUNDGANG

Wählen Sie die nördliche Tür am Ostende des Bahnhofs **Keio Shimokitazawa** 🚻 als Ausgang. Wenn Sie nach links, den Hügel hinauf, blicken, steht dort der riesige Muji-Laden, gegenüber liegt die Mizuho-Bank, an der Sie rechts vorbeigehen. Von dort erstreckt sich eine der vielen Ladenstraßen dieses kompakten Labyrinths von Sträßchen, wo sich neue und alte Vintage-Boutiquen an Geschäfte mit Antiquitäten, Nippes, gebrauchten Platten und eine absurde Anzahl Friseursalon schmiegen. Wundern Sie sich beim Eintreten nicht, wenn sich als Friseursalon entpuppt, was wie ein wundervolles Café aussah – ganz Tokio ist voll von solchen Salons.

Gleich nach dem Sundrug Store, kaum 100 Meter weiter, stehen Sie in einem Teilabschnitt von **Ichibangai** ❶, einer Shoppingmeile, auf der die Einheimischen seit 1920 für ihren täglichen Bedarf einkaufen. Am *senbei*-(Reiscracker-)Shop links vorbei geht es weiter auf der Ichibangai zu allem, was man im Leben so braucht, beispielsweise zum Wahrsager-Café **Sencha** ❷. Dort liest Ihnen ein japanischer

Hellseher aus der Hand (nehmen Sie einen Dolmetscher mit!) – Cafés wie dieses sind sehr typisch für die Umgebung.

Die schmalen Straßen auf der Nordseite der Metrostation nehmen nur eine relativ kleine Fläche ein, sind jedoch proppenvoll, es fällt ganz und gar nicht schwer, hier einen halben Tag herumzulungern. Jede konventionelle Navigation würde nur verwirren. Deshalb: Nehmen Sie nach dem Café Sencha zunächst die erste Straße bis zu einer langen und breiten Straße Richtung Norden und Sie dringen, ein wenig südlich von Ihrem Standpunkt, fast parallel zur Keio-Metro-Station, ins Herz von **Ichibangai** ❶ vor. Die Ansammlung von Läden, Cafés und Speiselokalen auf einem Areal von etwa zehn kleinen Häuserblocks lohnt die Erkundung!

lauben Sie mir, Sie werden sich zurechtfinden, spätestens, wenn Sie das zweite Mal am selben Punkt vorbeikommen. Denken Sie daran, dass ein leichtes Schwindelgefühl in Tokio mit zum Spaß gehört. Hier ein paar Markierungspunkte, auf der Karte sind die interessantesten Stellen angegeben:

Obwohl die meisten Bekleidungs- und Accessoire-Läden eher die unter 30-jährige Kundschaft ansprechen, halten Sie Ausschau nach **Slick mist** ❸; **Marble Sud** ❹ – sorgfältig ausgewählter Schnick-schnack und Souvenirs, kurz das sogenannte *zakka*; **Soffitto** ❺; **Natural Laundry** ❻; **Pinkertons** ❼; **Ruelle** ❽ – teilt sich den Raum mit dem Geschwisterladen Barns und verkauft kreative japanische Denim-Designs für Männer; in meinen Augen stehen die Männer-handtaschen auch Frauen sehr gut!

Für Antiquitäten / Vintage / Retro-Möbel, -Bekleidung, -Spiel-sachen, -Schilder, -Haushaltswaren und anderen Firlefanz halten Sie Ausschau nach: **Antique Life Jin** ❾; **Alaska vintage clothing** ❿; **Flamingo** ⓫ und **The Sun Goes Down** ⓬.

Recht anziehend wirken auch die Stände, die eine Mischung von japanischen und internationalen Antiquitäten, ehemals geliebte Kleidung, noch mehr Krimskrams und Inneneinrichtungsstücken anbieten – es lohnt sich oftmals, die ausgemusterten Stücke der anderen nach kleinen Schätzen für sich selbst zu durchsuchen.

Das **Shimokitazawa Garage Department** ⓭ beheimatet eine kuriose Ansammlung von winzigen Lädchen mit Vintage-Klamotten, Handgefertigtem und Designerwaren.

B-SIDE LABEL
WATER & UV RAYS
PROTECT
STICKERS
脱出せよ。
能、あります。
いい夢みろよ。
このドロボウ猫
誰がハゲやねん。
親子丼
いい夢みろよ。
白黒つけるぜ。
政府の犬め。
豚丼
寂しがり屋はじめました。
野球狂やで。
トガってます。
B SIDE LABEL
14

ANTIQ ☆JIN
OPEN
9
DINE
OPEN
OPEN
FILE

Wer noch ein wenig Kind geblieben ist, wird sich bestimmt gern vom
B-Side Label ⑭ hynotisieren lassen: Der Shop erzeugt mit seinem
einseitigen Angebot an manga- und zeichentrick-inspirierten Auf-
klebern, Ansteckern und Schreibwaren, die von einem Kollektiv junger
japanischer Designer entworfen werden, ein eigenartiges Suchtver-
halten. Vorsicht, die lustigen, lebhaften und manchmal provokanten
Bilder und Zitate können zu erheblichem Zeitverlust führen, es
macht einfach ungeheuer viel Spaß, sich ein paar typisch japanische
Souvenirs auszusuchen. Die Aufkleber sind zwar teuer, halten aber
beständig dank dem UV-Schutz, der das Verbleichen verhindert. Im
Laden kann man auch sein Hab und Gut, wie zum Beispiel Handy-
hüllen, Tablets, Laptops, Fahrräder und Skateboards, nach Wunsch
beschriften lassen – für den individuellen Touch. In einem Land
mit so vielen Einwohnern kann es recht nützlich sein, Besitztümer
einfach identifizieren zu können.

Es macht einfach ungeheuer viel Spaß, sich ein paar typisch japanische Souvenirs auszusuchen.

Shimokitazawa ist sehr offen für preiswerte und »ethnische«
Speiselokale – Curry Houses, mexikanische Spezialitäten, Burger
und Sandwiches dominieren den Markt. Curry-Gerichte sind hier
so beliebt, dass alljährlich im Oktober ein Curry-Festival stattfindet.
Doch auch japanisches Essen etwa mit *soba-* oder *ramen-*Nudeln ist
hier eine Option – am Abend gern in einem *izakaya-*Restaurant oder
in einem der teureren Lokale, die kreative Menüs servieren.

Die winzige, extra-coole Bar **Bear Pond Espresso** ⑮ braut hervorragenden Kaffee. Der Besitzer gilt als eine Art Rockstar der Tokioter
Kaffeeszene.

Wenn Ihnen der Sinn nach etwas Süßem zum Kaffee steht, schau-
en Sie gleich gegenüber in der hübschen **N. Y. Cupcakes Cupcakery**
⑯ vorbei. Die Japaner betrachten es als schlechtes Benehmen, beim
Gehen zu essen oder zu trinken, also suchen Sie sich einen Platz in
der Sonne und ruhen Sie sich ein wenig aus.

Oder soll es eine Tasse Tee sein? Nur die Straße hinunter liegt
8 Jours ⑰, ein niedlicher Teeladen und -salon. Ich rate Ihnen, groß-
mütig über die kitschigen Katzenmotive hinwegzusehen und einen
guten Schwarztee oder eine etwas rüschigere Teevariante, wie sie

hier die Spezialitätenkarte verzeichnet, zu genießen. Gegen den
Hunger serviert 8 Jours eine Auswahl würziger Happen – Quiche,
Baguettes, Croque Monsieur oder auch mal süße Teilchen und Pfannkuchen. Auf der anderen Seite der Metrostation, am Südausgang,
erstreckt sich ein größeres Areal mit noch mehr Shops und Speiselokalen, verstreut über Gassen, die verwirrend ineinander verwoben
erscheinen. Das markante McDonald's-Symbol sticht daraus hervor –
gehen Sie links daran vorbei.

Gleich nach der Sumitomo-Bank befindet sich **Tenmaya Curry
Pan** ⑱. Sollten Sie gerade keinen Appetit auf die beliebtesten und
leckersten Snacks Japans verspüren, dann nehmen Sie das Lokal zumindest zur Kenntnis und kehren später dorthin zurück, der Besuch
lohnt sich. Auf keinen Fall sollte man sich die famosen gefüllten,
frittierten Brötchen (eine Art salzige Donuts) entgehen lassen,
ein herrlicher Snack zum Mitnehmen. Sie werden mit köstlichem
Curry – manchmal auch Butter-Chicken – oder Curries im japani-

schen Stil gefüllt. Mein Lieblingsbrötchen birgt ein perfekt gekochtes, dickflüssiges Ei in seiner Mitte.

Nach dieser eminent wichtigen Snack-Empfehlung entlasse ich Sie auf die »South Side«. Das Angebot des Einzelhandels ist hier ein wenig kommerzieller gestaltet als nördlich der Metrostation. Wer Außergwöhnliches sucht, sollte sich an die Souvenir- und Second-hand-Läden halten, die Platten und Bücher verkaufen.

Kehren Sie zu McDonald's zurück und gehen weiter nach Süden, die Ladenfront links hinter sich zurücklassend. Hier verläuft eine Hauptschlagader des Viertels (eine weitere erstreckt sich parallel, östlich dieser Straße) mit Shops, Speiselokalen und vielen kleinen Seitenstraßen. Tauchen Sie ab und zu in eine der verborgenen Gassen ein, das Leben erscheint dort immer ein wenig interessanter.

Der Zwischenstopp bei **Antiquaille** ⑲ ist beinahe Pflicht: ein winziger, 25 Jahre alter Antiquitätenladen, vollgestopft mit Dosen, Spielzeug, Glaswaren, Schmuck, Keramiktassen, kurz gesagt, einem endlosen Allerlei an kleinen Schätzen. Das Stöbern macht richtig Spaß – wenn weniger als drei Kunden anwesend sind!

Idealerweise gehört der Tag in Shimokita dem Shoppen – angefangen auf der Nordseite endet er am späten Nachmittag auf der Südseite. Genießen Sie die frühen Abendstunden in der tollen Atmosphäre hier, beim Drink in den lässigen Bars oder einem der *live houses*. Dort spielt, wie der Name schon verrät, Livemusik für eine junge, etwas exzentrische Gesellschaft.

Die Gegend ist stolz auf ihre avantgardistische Theaterszene, und sie verfügt noch immer über ein paar alte Bühnenhäuser, die alle dicht gedrängt beieinander stehen und vom Südausgang der **Shimo-kitazawa Station** ⊖ aus einfach zu finden sind. Am **Tenmaya Curry Pan** ⑱ entlang, die Hauptstraße herunter, dann links, vorbei am Büro der Kitazawa Community und dem Disk-Union-Laden, beginnt die Theatergegend. Eingequetscht zwischen dem **Suzunari** ⑳, dem Theater, in dem alles begann, und dem **Theater 711** ㉑, warten das **Suzunari Yokocho** ㉒ mit seinem rustikalen Ambiente und weitere preiswerte *izakaya*-Lokale. Wenn Sie kein Japanisch sprechen, dann kann es schwierig werden, das Angebot zu entziffern. Das macht aber nichts, die Optik ist allemal fantastisch – und die *izakayas* selbst bieten auch ausreichend Unterhaltung.

Obwohl dieser Stadtteil relativ klein ist, kann es mit der Orientie-rung schnell vorbei sein, weil sich die Straßen in verwirrender Weise winden und kreuzen. Versuchen Sie nicht, dagegen anzukämpfen,

lassen Sie sich treiben und vertrauen Ihrem Instinkt. Sollten Sie
den Überblick total verlieren: Eine hilfsbereite Seele wird bestimmt
den Weg zur Metrostation weisen oder Sie wahrscheinlich sogar bis
dorthin begleiten!

Wenn Ihre Zeit in Tokio begrenzt ist, dann kombinieren Sie
den Shimokita-Spaziergang mit einem bezaubernden kulturellen
Erlebnis: Eine Taxifahrt zum **Mingei-kan** 23, dem Volkskunstmuse-
um, dauert nur sieben Minuten. Inmitten eines ruhigen, selten von
Touristen besuchten Quartiers steht dieses beeindruckende Gebäude
aus der Showa-Zeit (1926–1989), das eine ausgezeichnete Privat-
sammlung an Volkskunst vorhält: Keramik, Lackwaren, Schriftrollen
mit Kalligrafie und wertvolle Textilien. Schon das Gebäude selbst mit
seinen hübschen Pflaumenbäumen im Zugangsbereich lohnt das Ein-
trittsgeld. Die wichtigsten Informationen sind ins Englische übersetzt.
Achten Sie auf regelmäßige Sonderausstellungen. ●

DAIKANYAMA & NAKA MEGURO

Daikanyama & Naka Meguro

EBISU →

4
5

3
6
2
7 **8**

1

🚉 **Daikanyama Station**

9

17
19
18
21
20 **22**

10
12
11

16

23

Komazawa Dori

13
14

25 **26** **27**

24
15

Meguro River

🚉 **Naka Meguro Station**

Yamate Dori

MEGURO
↓

Kyu Yamate Dori

LEGENDE

1 TENOHA & Style
2 Hollywood Ranch Market
3 Rawlife
4 Ivy Place
5 Daikanyama T-site
6 Hillside-Terrace-Gebäude
7 Makié Home
8 Greeniche
9 Kyu Asakura House
10 Life's
11 Hokodo Bijutsu
12 Evisu the Tokyo
13 H
14 Have a Good Time
15 Brick & Mortar
16 Snobbish babies
17 bulle de savon
18 Red Clover
19 Carlife
20 ACTS
21 Hosu
22 Telepathy Route
23 Ouvrage Classe
24 Jean Nassaus Hale o Pua
25 Leah-K
26 Kapuki
27 Minamo

Daikanyama gilt als mondänes Viertel für wohlhabende und modebewusste soziale Schichten mit ausreichend Zeit für lang andauernde Lunches. Das Viertel ist gespickt mit Läden, die reizende Haushaltswaren und auffällige Klamotten anbieten, außerdem finden Sie dort einen der besten Buchläden Tokios. Man könnte ihn auch als das Buch-Mekka für alle, die auf der Suche nach Design, Stil und Kreativität sind, bezeichnen.

Der hintere Teil des Tals von Naka Meguro am Daikanyama-Hügel gibt sich ein wenig lässiger, und es wird schnell klar, weshalb sich die Gegend zum gefragten Shopping-Ziel entwickelt hat – alternative Mode, entspannte Cafés und Deko- und Souvenirläden stehen hier dicht an dicht.

Naka Meguro liegt gleich neben dem größeren Stadtteil Meguro – eine hippe Enklave, die mit Modeboutiquen und Restaurants auf sich aufmerksam macht. Die Shops befinden sich entlang beider Seiten des dort recht schmalen Meguro-Flusses, ganz in der Nähe des Bahnhofs Meguro. **Naka Meguro** wacht immer ein wenig später auf als die anderen Quartiere Tokios und eignet sich somit hervorragend für einen Brunch am Wochenende und einen gemütlichen Einkaufsbummel – genau das Richtige nach einer langen Nacht in den Bars im nahe gelegenen Ebisu (s. S. 110).

Freuen Sie sich auf einen leichten und beschwingten Tag ohne Zeitdruck, aber planen Sie auf jeden Fall ein Essen mit ausreichend Muße für Cocktails ein!

❶

JANES RUNDGANG

Wenn ich das Stadtteil-Duo besuche, beginne ich den Tag lieber in Daikanyama, bevor es zu voll wird, von dort laufe ich dann den Hügel herunter nach Naka Meguro. Die Route funktioniert natürlich auch in entgegengesetzter Richtung, vor allem, wenn ein vornehmes Abendessen uptown auf Ihrem Programm steht – denken Sie daran, dass die meisten Läden in Naka Meguro nicht vor 12 Uhr mittags öffnen.

Verlassen Sie **Daikanyama Station** 🔴 durch den Nordausgang und gehen nach rechts, dann biegen Sie in die erste Straße links ein. An ihrem Ende markieren Ampeln und eine alles überragende limonengrüne Skulptur aus Blumen die Hauptstraße. Auf der rechten

Seite finden Sie Modeboutiquen, Cafés im französischen Stil und den ehemals trendigen, heute leicht angestaubt wirkenden Daikanyama Address Tower.

Noch mehr Modeshops, von denen einige schon dank ihrer unglaublich schicken Fassaden herausstechen, reihen sich auf der linken Seite aneinander. Falls Sie Konfektionsgröße S tragen, sind Sie hier im Paradies. Ergeben Sie sich dem Kaufrausch, die Straße rauf und runter, und vergessen Sie die Gassen nicht, die links und rechts von der Hauptstraße abzweigen.

Wenden Sie sich von der limonengrünen Blumenskulptur aus nach links, dann erstreckt sich dort der Gebäudekomplex **TENOHA & Style** ❶. Dieser relativ neue Zuwachs zur Daikanyama-Szene beheimatet das Label »& Style« – eine gute Mischung eleganter japanischer Garten- und Haushaltswaren, Accessoires und öko-bewusster Design-

4

5

artikel – inklusive einem eigenen Café-Restaurant. Dieses Geschäft können Sie stundenlang durchstreifen, und immer wieder tut sich ein wunderbares Stück auf, das einem beim ersten Rundgang gar nicht aufgefallen war, so sehr hat die übrige Pracht geblendet.

Es gibt dort auch wunderschönen Tischschmuck; am besten legen Sie zwischen den Shopping-Durchgängen auch mal eine Pause zum Teetrinken ein, dann zieht sich das genussvolle Erlebnis länger hin.

Zurück auf der Straße gehen Sie über die Ampel und weiter geradeaus – nur ein paar Schritte nach rechts hinter der Kreuzung auf der Straße, die nach Nordwesten führt. Hier flankieren ein paar wenige, aber dafür umso interessantere Shops und Cafés beide Straßenseiten, die sich für einen gemütlichen Streifzug anbieten. Das Gleiche gilt auch für die Gassen auf der linken Seite, die zur parallel verlaufenden nächsten Hauptstraße führen, dort reihen sich Läden für Bücher, Schokolade, internationale Modemarken, Schallplatten, Handtaschen, entzückende Kinderkleidung und Schuhe, es gibt Schönheitssalons, den wild-charmanten **Hollywood Ranch Market** ❷ und **Rawlife** ❸ – die beide auf hippe und etwas skurrile Freizeitkleidung spezialisiert sind.

Spazieren Sie durch den kleinen Garten des **Ivy Place** ❹ – übrigens ein guter Tipp für ausgedehnte Abendessen – und lassen Sie das Restaurant rechts hinter sich, bis Sie durch den Hintereingang der begrünten Anlage zum **Daikanyama T-site** ❺ gelangen, dem innovativen Konzept der Tsutaya-Buchhandelskette.

Wenn Sie Bücher so sehr lieben wie ich, dann wird Sie diese Buchhandlung begeistern, in der man sich stundenlang durchs fantastische Sortiment schmökern kann.

Hier findet sich nicht nur eine riesige und sensationell gute Auswahl schöner, interessanter und inspirierender Bücher und eine vielseitige Mischung aus lokalen und internationalen Magazinen und Zeitschriften, dieser Laden bietet auch coole Schreibwaren in tollen Designs und jede Menge Krimskrams – ideal zum Verschenken. Das gesamte Sortiment ist nach Genres geordnet, in dem clever durchdachten Konzept kommen Kunden auch ohne Beratung klar.

25

Ein wahrer Geheimtipp, wenn Sie Geschenke für Bücherfans suchen! Sind Ihnen Bücher als Mitbringsel zu schwer, dann hält die bestens bestückte DVD- und Musikabteilung Handlicheres bereit.

Im Shop sind auch ein paar Cafés untergebracht, neben dem allgegenwärtigen Starbucks auch eine Lounge zum Relaxen – ein idealer Ort, um nochmals in aller Ruhe das Erworbene zu bestaunen. Wenn Sie schon mal in dieser Ecke sind, empfiehlt sich das kulinari-sche Erlebnis »Lunch im **Ivy Place** ❹«; bitte vorab reservieren, das Lokal ist zwar riesig und mit diversen Speisebereichen ausgestattet, u. a. auch in einem lichtdurchfluteten Glashaus, aber leider meistens ausgebucht!

Das Essen wird als hausgemacht angepriesen: einfache, wohl-schmeckende Standardgerichte, wie gegrilltes Fleisch und Meeres-früchte, Pasta, Pizza, Sandwiches und Gourmet-Salate, alles serviert von unverschämt gut aussehendem Personal an einem Ort, der sich hervorragend eignet, Menschen zu beobachten. Dem Ivy Place eilt

der Ruf voraus, dass es dort das beste Frühstück gebe. Fakt ist, dass nur wenige Restaurants der Stadt bereits um 7 Uhr morgens öffnen – Brunch-Fans, aufgepasst!

Der Vorderausgang geht hinaus auf die Kyu Yamate Dori, biegen Sie dort rechts ab und erkunden noch mehr exklusive, aber eher konservative Boutiquen und Restaurants. Danach überqueren Sie die Kreuzung und gehen nach links zurück in die Richtung, aus der Sie gekommen sind. In dieser Nachbarschaft haben sich einige ausländische Konsulate niedergelassen, das färbt natürlich auf die Kundschaft der Gegend ab.

An ein paar weiteren Shops und Cafés vorbei erreichen Sie das **Hillside-Terrace-Gebäude** ❻, das sich lang hinzieht – allerdings ist hier der zentrale Bereich.

Ein Abstecher zu **Makié Home** ❼ und der dort präsentierten anspruchsvollen, kombinierbaren Mode, zu Accessoires und Haushalts-

waren lohnt. Genießen Sie die erholsame Aussicht auf die herrlichen Laubbäume im Garten! Das **Greeniche** ❽ ist geradezu mit hellen skandinavischen Möbeln und Gebrauchsgegenständen geflutet, der heiß begehrten Einrichtung moderner japanischer Apartments. Schon bald werden Sie herausfinden, dass das japanische und skandinavische Design eine harmonische und fruchtbare Beziehung pflegen.

Zeit für ein wenig wärmstens empfohlener Kultur? Verlassen Sie die Hauptstraße an der nächsten Straße nach rechts, gleich hinter dem **Hillside-Terrace-Gebäude** ❻. Auf der rechten Seite steht das **Kyu Asakura House** ❾, das im Jahre 1919 von einem Lokalpolitiker und vorsitzenden Stadtrat Tokios erbaut wurde. Das wunderbar erhaltene Gebäude gilt als wichtiges Zeugnis traditioneller Wohnkultur. Nehmen Sie sich ein wenig Zeit für die Besichtigung der verschiedenen Zimmer, die mit Tatamiböden und verschiebbaren Türen (*shoji*) versehen sind.

Steintreppen führen in den Garten hinunter, der mit Steinlampen, Azaleen und Ahornbäumen bestückt ist – ein perfekter Ort für eine Verschnaufpause! Glücklicherweise gibt es ausreichend Sitzplätze, um den Füßen eine Rast zu gönnen, durchzuatmen und sich in eine andere Zeit zurückzudenken. In meinen Gedanken plane ich regelmäßig die Einrichtung dieses Hauses mit meinen Möbeln, wenn sie mich dort doch nur endlich einziehen lassen würden!

Zurück auf der Hauptstraße biegen Sie nach der Polizeiwache (*koban*) unter der Fußgängerbrücke rechts ab. Laufen Sie bergab und halten sich hinter der nächsten Ecke rechts: Dort versteckt sich mit dem **Life's** ❿ ein niedlicher Laden für Haushaltswaren und Mode inklusive integriertem Kaffeestand. Gleich nebenan schließt sich **Hokodo Bijutsu** ⓫ an, ein unprätentiöser Antiquitätenladen, der von auserlesenen und kostspieligen Stücken überquillt – bemerkenswert ist die Kollektion handgemachter Teetassen und aller Ausstattungselemente einer originalen Teezeremonie.

17

20

bulle de savon

ACTS

D er Weg führt nun entweder geradeaus bis nach Naka Meguro hinunter – dekorative Eisenzäune markieren das Flussufer –, oder Sie können die »Panorama«-(alias Shopping-) Tour wählen. Die startet in der anderen Richtung am Denim-Designer-Shop **Evisu the Tokyo** ⑫. Danach überqueren Sie die Straße auf die Komazawa Dori, biegen nach rechts ab und gehen den Hügel ein Stückchen bergab bis zu einer orangefarbenen Wand mit der Aufschrift Autobac. Hier geht's nach links, bis sich die Straße teilt. Das Studio-Daikanyama-Gebäude lässt man links hinter sich und bleibt auf dieser Straße. Der Weg hat sich gelohnt, hier reihen sich witzige Läden aneinander: Mode und allerhand andere Waren von Vintage bis zu maßgeschneiderten Stücken; Galerien und Bars. Als Geheimtipps gelten **H** ⑬ by Jumpin' Jap Flash Vintage und **Have a Good Time** ⑭.

Nur wenige Minuten entfernt von den eleganten, westlich geprägten Daikanyama-Geschäften herrscht in dieser Gegend eine flippige und kreative Stimmung vor. Am Fuße des Hügels bietet der Family-Mart-Supermarkt einen gut sichtbaren Fixpunkt, an dem es scharf links abgeht. Dann baut sich unmittelbar **Brick & Mortar** ⑮ auf, ein Warenhaus mit stilvollen Einrichtungsgegenständen, das regelmäßig spontane Events mit den Designern extravaganter Haushaltswaren und mit anderen Künstlern organisiert.

Verlassen Sie Brick & Mortar nach links und gehen geradeaus weiter durch einen Tunnel mit schönen Wandmalereien, der direkt unter der Komazawa Dori verläuft. Am Tunnelausgang erstreckt sich linker Hand das Ufer des Meguro-Flusses.

Hier befindet sich das Epizentrum von Naka Meguro, die Zeit zur Entspannung ist gekommen! Mächtige Bäume säumen die Flussufer auf beiden Seiten und sorgen für visuelle und mentale Erfrischung. In den wärmeren Monaten spenden die Baumriesen kühlen Schatten, im Frühling überziehen die Kirschbäume den Park mit der Schönheit ihrer kurzlebigen, aber hinreißenden Blüte.

Mein Rat: Folgen Sie den interessanten Läden auf beiden Flussseiten und wagen ab und zu einen Abstecher in die kleinen Gassen. In manchen haben sich scheinbar spontan Shops eingenistet, die getrost Schatztruhen zu nennen sind – eine reizvolle Überraschung, die man sich nicht entgehen lassen sollte. In dieser Szene gibt es tolle, unabhängige Geschäfte, die sich auf frische, junge, edle Kleidung und auf Gebrauchswaren spezialisiert haben – oft unter einem Dach als Lifestyle Concept Store – und daneben ein paar kleine Markenboutiquen.

Um nur wenige herauszugreifen: **Snobbish babies** ⑯ für edle Hunde-
bekleidung und bequeme Klamotten für den Menschen am anderen
Ende der Leine; **bulle de savon** ⑰; **Red Clover** ⑱; **Carlife** ⑲;
ACTS ⑳; **Hosu** ㉑; **Telepathy Route** ㉒; **Ouvrage Classe** ㉓;
Jean Nassaus Hale o Pua ㉔.

Überqueren Sie die Brücke und schauen Sie bei folgenden Shops
vorbei: **Leah-K** ㉕, Spezialistin für Vintage; **Kapuki** ㉖, erlesenes
Sortiment an modernen Kimonos, *yukata* (Sommerkimonos) und *obi*,
Kimono-Gürteln; **Minamo** ㉗.

Abends, vor allem am Wochenende, vibriert diese Gegend vor Leben
und ist gleichzeitig so entspannt, wie es die Tokioter Verhältnisse
nur erlauben. Also am besten eintauchen und die ungewöhnliche
Kombination genießen! ●

MEGURO & EBISU

Meguro

DAIKANYAMA &
NAKA MEGURO

N

26

27

28

Gakugeidaigaku
Station

5

2

3

1

Meguro Dori

4

Ebisu Station

Meguro Station

LEGENDE

In den letzten Jahren hat sich Meguro mit seinen Läden für Antikmöbel und Vintage-Kollektionen einen Ruf geschaffen. Meguro Dori verläuft durch das Zentrum der Stadt, im rechten Winkel zum Fluss. Entlang des Boulevards reihen sich beiderseitig über einen Kilometer lang Innendekorationsgeschäfte mit preiswerten und attraktiven alten und neuen Waren aneinander.

Das Stadtviertel Meguro hat für die Besucher Tokios nicht immer Priorität. Wer vom Gedränge Abstand halten möchte, ist in diesem Quartier richtig; außerdem befindet sich hier das beinahe schon kultige Hotel Claska. Mehr als nur eine Unterkunft, beherbergt es den wohl besten »Made in Japan«-Souvenirshop der Stadt.

Im hinteren Teil von Meguro, nördlich der Meguro Dori, überrascht die eher relaxten und neugierigen Besucher eine fast dörfliche Ansiedlung mit verschlafenem Charme und sehr guten Cafés. Der Meguro-Fluss führt direkt ins kleine, aber schicke Naka Meguro (s. S. 92). An seinen Ufern blühen im Frühling die Kirschbäume – ein auch bei den Einheimischen beliebter Spazierweg.

Der Bezirk Ebisu, die Heimat des Yebisu-Biers sowie einiger interessanter Galerien und Shops, grenzt hier an. Tagsüber eher ein Geschäftsviertel, erwacht Ebisu in der Dämmerung zum Leben und begeistert mit seinen günstigen, freundlichen Restaurants und einer abwechslungsreichen unprätentiösen Bar-Szene – mit ein oder zwei Ausnahmen, die jedoch für den Besucher sehr unterhaltsam sein können, wenn er sich darauf einlässt.

JANES RUNDGANG

Verlassen Sie die **Meguro Station** 🚇 und nehmen ein Taxi über die Meguro Dori zum **Claska Hotel** ❶. Die sonnige Café-Bar im Ergeschoss ist sehr ansprechend gestaltet und bildet den idealen Rahmen für einen Drink – bei Tag oder bei Nacht.

Falls Sie eine Schwäche für kreative Handwerkskunst und japanische Designerstücke haben, führt kein Weg an der **Galerie Do** ❷ vorbei. So viel Warnung vorab: Sie werden hier nicht rauskommen, ohne ein Geschenk für sich selber oder einen Freund zu erstehen, und es wird gewichtig sein. Wer also Sinn für Antiquitäten und feine Möbelstücke hat, sollte diesen Shop-Stopp für den Nachhauseweg einplanen.

Auf der Straßenseite des Hotels, nur ein paar Schritte die Meguro Dori hinunter, befindet sich **Fusion Interiors** ❸, gefolgt von **Otsu furniture** ❹ mit einem ausgesuchten Sortiment an modernen und Vintage-Möbeln aus Japan.

Der Schwerpunkt der Geschäfte auf der anderen Straßenseite zurück in Richtung **Meguro Station** ❺ liegt auf zeitgemäßen japanischen Möbeln und Designerwaren und ein paar Läden mit eher »pragmatischem« Angebot, sozusagen Ikea auf japanisch. Jede Menge Abwechslung bieten Geschäfte mit europäischen Stilmöbeln ❺, chinesischen Keramikvasen ❸ und ein lustiger, beinahe skurriler Shop für Deko- und Geschenkartikel ❿; ferner ein netter Denim-Laden ❻, der nicht nur Hosen verkauft, sondern auch Jeanshemden, weiches Schuhwerk und Accessoires wie z. B. Umhängetaschen.

Jede Menge Abwechslung bieten Geschäfte mit europäischen Stilmöbeln und chinesischen Keramikvasen.

Glücklicherweise haben wir beim Thema Innendekoration alle einen unterschiedlichen Geschmack, deshalb sind die Empfehlungen für die nördliche Seite der Meguro Dori, von westlicher in östlicher Richtung, rein persönlicher Natur: **Geographica** ❺; **Catii Tokyo** ❻; **Pour Annick** ❼; **Blackboard by karf** ❽; **Brunch + one** ❾; **Fake Furniture** ❿; **Moody's** ⓫; **Sonechika** ⓬; **Silk** ⓭; **Lewis** ⓮; **karf** ⓯.

Gleich nach dem **karf** ⓯ überqueren Sie die Meguro Dori an der Ampel und gehen in Richtung **Claska Hotel** ❶ zurück, am Otori-Schrein und am Parasiten-Museum vorbei – offen gestanden, habe ich es bisher nicht übers Herz gebracht, das Museum zu besuchen, auch wenn man viel Gutes darüber hört. Diese Straßenseite wird von einer kleinen, aber umso vielfältigeren Ansammlung an Möbel- und Deko-Shops dominiert, die sich dank ihrer französischen und skandinavischen Ausrichtung – neu oder Vintage – sowie mit zeitge-

18

mäßen japanischen Haushaltswaren und Möbeln von anderen Läden absetzen ⑲.

Retro-Fahrräder ㉒ und heißbegehrte Sammlerstücke, sogenannte amerikanische *junks* ⑱, wie Schilder, Lampen und Spielzeug – runden das Angebot ab. Meine Lieblingsläden heißen: **Brunch + sc** ⑯; **Chambre de nîmes brocante** ⑰; **Junks** ⑱; **Gallery S.** ⑲; **Brunch + time** ⑳ und **brunch + works** ㉑; **Point no. 39** ㉒.

Nach überwältigenden Eindrücken aus einer vergangenen Zeit kann eine süße Abwechslung nicht schaden: Biegen Sie nach dem **Point no. 39** ㉒ Richtung Westen in die Seitenstraße ein und erfreuen sich vor den Vitrinen von **Antoine Carême** ㉓ an den köstlichen Kuchen, Nachspeisen, Kleingebäck und allerfeinster Schokolade – alles auch zum Mitnehmen.

Zurück am **Point no. 39** ㉒ queren Sie die Meguro Dori leicht nach rechts und orientieren sich an einem grünen Bogen mit rot-weißen Schildern über der Straße, wo es nach etwa 50 Metern aus der

Boulangerie Jolly ㉔ verführerisch duftet (dienstags geschlossen). Die Spezialitäten dieser altmodischen Bäckerei sind runde, salzige Brötchen, *oyatsu pan*, und kleine Sandwiches.

Im weiteren Verlauf, links der Boulangerie Jolly, liegen ein paar kleine, ruhige Cafés und Restaurants, ich finde das winzige **Kunima Coffee** ㉕ am schönsten. Während der Eigentümer mit viel Muße und Liebe den Kaffee zubereitet, genießen die Besucher den friedlichen Raum mit seinem eigenartigen, klinisch-schicken Dekor und blättern in den ausliegenden Kunstbüchern.

Dieses Quartier begeistert mit seiner flippigen 1950er- bis 1970er-Jahre-Architektur und den kleinen, fast schon ländlich anmutenden Läden, die die ortsansässigen *obaachan*, die Großmütter, betreiben. Der wundervoll grüne **Aburamen Park** ㉖ lädt zur Erholung und zum Picknicken ein. Am Parkplatz rechts vorbei erreicht man über schattige Parkwege nach etwa 500 Metern in südwestlicher Richtung einen eleganten Bambus-Garten, der zum Central Ryokuchi

Park gehört. Gleich gegenüber liegt der flotte Vintage-Klamottenla-den **Neiro** 🔴, ein paar Schritte westlich davon haben mehrere Cafés geöffnet, falls es Koffein-Engpässe geben sollte.

Wer zu diesem Zeitpunkt bereits den ganzen Tag mit Shopping zugebracht hat, wird sich über den kurzen Weg zur **Gakugeidai-gaku Station** 🔴 freuen. Am besten verlassen Sie sich hier auf eine Karten-App, weil die verwinkelten Sträßchen den inneren Kompass leicht durcheinander bringen können. Das Schlendern durch die verborgenen Gassen übt abseits der Hauptstraße zumindest auf mich eine wohltuende Wirkung aus. Rund um die Metrostation gibt es eine Menge Restaurants, die eine Stärkung versprechen, bevor Sie die neu erstandenen Schätze ins Hotel tragen, zumindest alle Stücke, die nicht per Container heimreisen. Je nach Uhrzeit kann man erleben, was die Japaner unter echten *salaryman* verstehen, die zu Tausenden am Abend aus der Metrostation nach Hause strömen.

Wenn Sie nicht zu schwer mit Einkäufen beladen sind, dann spricht alles dafür, den Abend mit einem erfrischenden Drink im na-hen Ebisu einzuläuten; von der Hauptstraße fahren Busse oder Taxis zur **Meguro Station** 🔴, von dort erreicht die Yamanote-Linie über einen Halt in zwei bis drei Minuten **Ebisu Station** 🔴.

E in etwaiges Bedürfnis nach Retro stillt noch vor dem Ebisu-Besuch das **Hara Museum of Contemporary Art** 🔴 im nahen Shinagawa. Die Ausstellungen finden in einem bauhaus-inspi-rierten Gebäude statt, das in der Showa-Zeit als privates Wohnhaus diente. Neben dem spannenden Erlebnis, alle Winkel und Ecken des Gebäudes zu entdecken, beeindruckt das Museum mit seiner guten Kollektion lokaler und internationaler Künstler, von Jackson Pollock bis zu Anish Kapoor und Andy Warhol. Das Hara veranstaltet regelmäßig Ausstellungen neuer, talentierter Künstler. Die provoka-tiven unter ihnen fesseln und verärgern den Betrachter gleichzeitig, aber es ist wohl die Magie der Kunst und der Expression, solch starke Gefühle auszulösen. Das hübsche Museumscafé serviert Tee und Nachspeisen, die das Thema der Schauen reflektieren. Der Shop ist winzig klein, bietet aber eine exquisite Auswahl, u. a. an begleitenden Devotionalien und schicken Geschenkideen. 🔴

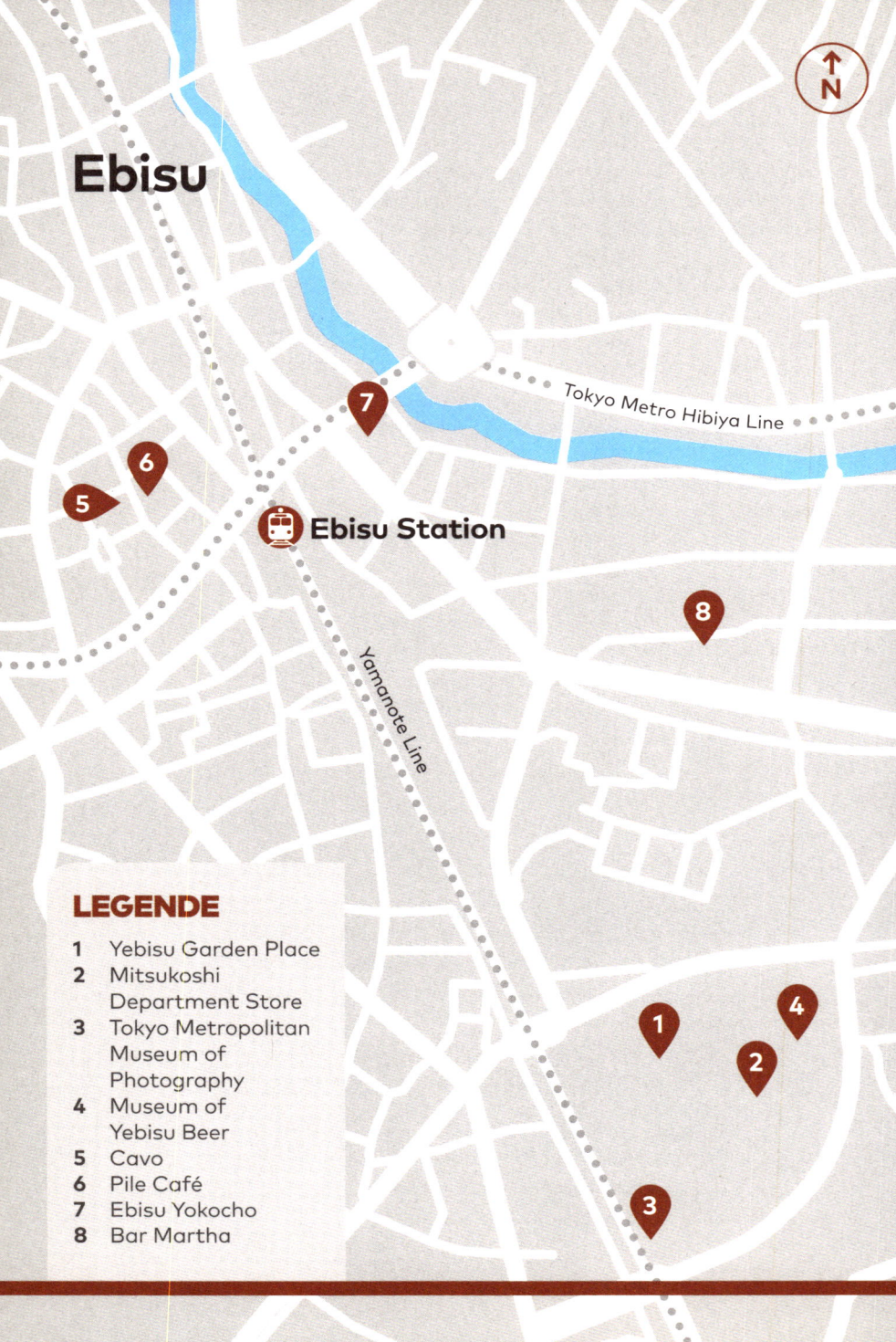

Ebisu

Tokyo Metro Hibiya Line

7

6
5

🚃 **Ebisu Station**

8

Yamanote Line

LEGENDE

1 Yebisu Garden Place
2 Mitsukoshi
Department Store
3 Tokyo Metropolitan
Museum of
Photography
4 Museum of
Yebisu Beer
5 Cavo
6 Pile Café
7 Ebisu Yokocho
8 Bar Martha

1
4
2

3

1

JANES RUNDGANG

An **Ebisu Station** 🚉 angekommen, folgen Sie dem Wegweiser zum **Yebisu Garden Place** ❶, der Sie durch das kürzlich renovierte und superschicke Einkaufszentrum Atre nach Süden leitet. Seitlich der Glas-Stahl-Bögen eines überdachten Platzes reihen sich mehrere Gebäude mit Büros, Geschäften, Galerien und Restaurants. Das Ausmaß des Platzes ist riesig, deshalb verbindet der Yebisu Walkway, ein überdachtes, elektrisches Laufband, die verschiedenen Bereiche miteinander – eine Erleichterung, die man nach einem langen Shoppingtag dankbar registriert.

Die recht langweiligen Läden im Bereich des Garden Place kann man sich getrost schenken, dagegen ist das Angebot im Depachika (die Delikatessenabteilung im Untergeschoss) des **Mitsukoshi Department Store** ❷ eine Empfehlung wert: wundervoll verpackte japanische Spezialitäten und Fertiggerichte.

Viele japanische Kaufhäuser leisten sich Feinkostabteilungen, wie Sie sie vorher noch nirgendwo gesehen haben dürften, es lohnt sich

4

5

6

also, Zeit mitzubringen und wenigstens eine davon sorgfältig zu inspizieren.

Auf der Suche nach optischen Highlights und bei Interesse für moderne und historische Fotografie bietet sich ein Besuch des **Tokyo Metropolitan Museum of Photography** ❸ an.

Viele japanische Kaufhäuser leisten sich Feinkostabteilungen, wie Sie sie vorher noch nirgendwo gesehen haben dürften.

Die Stadt Ebisu (auch Yebisu genannt) hat ihren Namen von der Brauerei Yebisu, auf deren Emblem Ebisu, einer der sieben japanischen Glücksgötter, prangt. In den späten 1800er-Jahren war die alte Brauerei der Motor für die Entwicklung der Infrastruktur in diesem Teil Tokios, weil die rasche Expansion des Brauereibetriebs einen Bahnhof benötigte. Wohn- und Geschäftshäuser schossen in der Umgebung der Bahnstation aus dem Boden, und so wurde das Viertel selbst Ebisu getauft. Das schmucke und gut organisierte **Museum of Yebisu Beer** ❹ im **Garden Place** ❶ ist überraschend interessant, selbst für Abstinenzler. Wer Bier liebt, sollte sich ein paar Kostproben gönnen, die vorab am Automaten bezahlt werden. Die Tour macht viel Spaß, wird aber – zumindest zum Zeitpunkt des Buchdrucks – nur auf Japanisch angeboten. Wer die Ausstellung allein durchstreift, wird von profunder, geschichtlicher Information auf den englischen Beschriftungen geleitet. Dazu kommt ein netter Andenkenladen mit stilvollen Trink-Accessoires – und das Erlebnis Aperitif in Ebisu ist perfekt.

Bereit für einen Ausflug ins Nachtleben? Dann gehen Sie zur **Ebisu Station** ❻ zurück und nehmen die Rolltreppen zum Westausgang hinunter; auf der rechten Seite steht eine wuchtige Ebisu-Skulptur, ein beliebter Treffpunkt. Hinter der Statue führt der Weg an der Komazawa Dori über die Kreuzung und zu den nördlich hinter der Hauptstraße in Seitengassen gelegenen kleinen Bars und Restaurants. Im **Cavo** ❺ gibt es Wein und französische Häppchen. Das **Pile Café** ❻ gegenüber serviert günstige Cocktails in einem zumindest für Tokioter Verhältnisse hohen Raum, der mit typischen Elementen des japanischen Retro-Stils dekoriert ist. Alte Sofas und Nanna-Lampen im Überfluss komplettieren die Ausstattung.

Zurück in der Komazawa Dori und durch den Tunnel unter der Bahnlinie hindurch, gelangen Sie über die zweite Straße nach rechts kurz vor dem 7-Eleven-Laden zum Eingang der **Ebisu Yokocho** ❼ – einer Gasse mit etwa 20 winzigen *izakaya*-Restaurants bzw. -Bars.

Diese rustikale »Enklave« von *Izakayas* übt mit ihrem puren und direkten Charme eine besondere Anziehungskraft aus.

Traditionell bezeichneten *izakaya* Lokale zum Saketrinken, die außerdem auch bescheidene Speisen offerierten; heutzutage wird der Begriff weitläufiger für Restaurants benutzt, die Mini-Gerichte servieren, zu denen die Gäste trinken, was sie wollen. Normalerweise ist das Sake, Bier oder *chuuhai*, *sochu* mit aromatisiertem Schnaps, Sirup oder Saft, wie Grapefruit oder Orange, der mit Mineralwasser aufgegossen wird. *Izakayas* gibt es auch als moderne, schicke Restaurants oder als Ketten, aber diese rustikale »Enklave« von *Izakayas* übt mit ihrem puren und direkten Charme eine besondere Anziehungskraft aus. Ein idealer Ort, um sich unter die Einheimischen zu mischen und sich ein paar Bissen schmecken zu lassen, die Auswahl an den Theken und Tischen ist unendlich groß: gegrilltes Schwein, Rinderzunge, *oden*, Eintopf mit Meeresfrüchten oder Fleisch, Gemüse und Tofu in *dashi* gegart, gedünstetes und saures Gemüse, Sushi und andere Tapas. Verteilen Sie Ihren Appetit auf die verschiedenen Restaurants, das ist vollkommen üblich. Einige Nahrungsmittel kosten Sie vermutlich zum ersten Mal in Ihrem Leben, wer die Degustation von Pferdefleisch oder Innereien vermeiden möchte, sollte besser einen japanisch sprechenden Freund mitnehmen.

Für das Kontrastprogramm nach dem Dinner gehen Sie auf dem gleichen Weg zurück und biegen nach links, gehen 250 Meter die Straße hinunter bis zu einer großen Kreuzung, an deren linker Ecke eine Misuhu-Bank steht. Lassen Sie die Bank links hinter sich und biegen in die geradeaus verlaufende Straße ein. Nach 70 Metern thront auf der rechten Seite ein Schild über der **Bar Martha** ❽ – eine sehr coole Kneipe, die mit dem Plattenlabel Martha in enger Verbindung steht. Die Musik verspricht superbe Überraschungen mit einem Mix, dem man gern eine ganze Nacht lang zuhören will, sehr jazz-lastig. Entlang der Wände zieht sich eine Bibliothek mit Vinyl-

platten, deren Schätze jeden Fan aus der Fassung bringen werden. Auch die Drinks sind erstklassig: Ich empfehle die »Rock«-Stil Mojitos – schlicht über einen Brocken Eis gegossen – oder den würzigen Ginger Moscow Mule, für den eine Ladung frischen Ingwers in Alkohol eingeweicht wird, um ihn dann in den riesigen Glaskrügen zu servieren.

Große Behälter verzieren die Tische und spenden Nüsse, Reiscracker und Schokolade; der *vibe* ist dunkel und sexy. Doch Vorsicht: Hier wird gelauscht, nicht getratscht. Ganz im Sinne der buddhistischen Zen-Philosophie, »nur eine Herausforderung und ein Hindernis führen uns zur wahren Dankbarkeit gegenüber dem Guten im Leben«, hat auch die Bar Martha ihre Schattenseiten. Falls man es denn so sehen will: Hier zählt tadelloses Benehmen, lauter zu lachen oder zu reden als die Musik gilt als Frevel, und wer diese Lektion vergisst, wird angezischt, den heiligen Ort schleunigst zu verlassen. Sollten Sie es wagen zu fotografieren, ist Ihnen ein stechender Blick gewiss: »Drück drauf und stirb!«. Kurz, die Bar Martha ist sicher kein Etablissement des warmen, freundlichen Services oder gar der fröhlichen Stimmung, aber ganz bestimmt erstklassig in anderer Hinsicht. Ein exzellenter Abschluss eines langen Tages … natürlich nur, wenn Sie was von gedämpfter Unterhaltung verstehen!

KICHIJOJI, KOENJI & NAKANO

Kichijoji

LEGENDE

1 Rose Bakery
2 Atre Shopping Mall
3 Marui Department Store
4 L'epicurien
5 Inokashira Park
6 Inokashira Benzaiten
7 Ghibli Museum
8 Nippon Department Store
9 Sun Road Shotengai
10 Tansu-ya
11 Satou butcher's shop
12 PARCO department store
13 Uniqlo
14 L. Musee
15 Puku Puku
16 Wickie
17 Pool2
18 Margaret Howell
19 Tsubame-Markt
20 Hara Doughnuts
21 Bondo
22 Kichijoji Tsuru's Original Roast Beans
23 Markus
24 Cinq
25 OUTBOUND
26 Harmonica Yokocho

Wenn ich mich für einen von Tokios Stadtteilen für ein Wochenende mit hohem Spaßfaktor entscheiden müsste, dann wäre das wahrscheinlich Kichijoji. Hier kann man durch erstklassige Geschäfte schlendern, ob elegant oder flippig, sich an originellen Restaurants und Bar erfreuen oder sich einfach durch die Straßen treiben lassen. Nur 15 bis 20 Minuten mit dem Zug, westlich von Shinjuku oder nordwestlich von Shibuya, liegt es gefühlt ewig weit weg vom elektrisierenden Zentrum.

Dieses lebendige Quartier, optisch aufgewertet durch seine künstlerischen Graffitis, zählte schon vor 20 Jahren zu meinen Lieblingsorten, und bis heute weiß mich Kichijoji zu fesseln – fast, als ob wir zusammen älter geworden wären. Früher war es ein wenig schäbig, alternativ und gemütlich; aber in den letzten Jahren hat sich der Bezirk in eine niveauvolle Stadt mit einer ansteckend heiteren Atmosphäre und coolem Ambiente entwickelt, und es bildet einen fruchtbaren Boden für das Außergewöhnliche. Kurz gesagt, die Vorstadt erfüllt alle Voraussetzungen für beste Unterhaltung und Entspannung; dazu trägt auch der weitläufige Inokashira-Park mit seinen großen Laubbäumen bei.

Nach vier Haltestellen in Richtung Osten, zurück nach Shinjuku, sehen Sie, wohin die schmuddelige Wolke, die einst über Kichijoji hing, gezogen ist. In Koenji leben die coolen Kids ihre Subkultur aus und durchsuchen die Shops nach Secondhand-

Klamotten, Skurrilem und Vintage-Platten. Die Chance, in Koenji auf Andenken von pastellfarben bis psychedelisch, von 1950er-Jahre-Glitzer und Rockabilly-Pomaden bis zur Romantik der 1980er-Jahre zu stoßen, ist hoch. Egal, ob es um die passenden Schuhe, Hüte, Strümpfe oder Gürtelschnallen geht: Hobby-Shopper und Sammler werden von der Vielzahl kultureller Erinnerungsstücke begeistert sein – dazu zählen auch amerikanische Spielwaren.

Die ultra-moderne, leicht arrogant wirkende Jugend Tokios mit ihrer explosiven Energie (eine Kombination von »Schau mich nicht an … nein, bitte schau mich doch an!« und »Ich weiß, dass ich meinen Eltern peinlich bin, und es ist mir egal!«) ist von Harajuku (s. S. 28) hierher übergesiedelt. Eine seriöse Jazz-Szene untermalt ihre Ausgehabende musikalisch. In den Gassen nördlich der Station versteckt sich eine Fülle von Pubs und Livemusik-Bars, die die Bohemiens bevölkern – sofern sie keine Lust haben, mit japanischen Punks Pogo zu tanzen.

Auf dem Rückweg zur City, nur eine Station von Shinjuku entfernt, liegt Nakano, einer der am dichtesten besiedelten Stadtteile Tokios. Nakano ist die Heimat einer gigantischen *otaku*-Szene, voller Mangas, Zeichentrick-Charakteren und anderen, eher furchterregenden Puppen. *Otaku* sind, höflich ausgedrückt, Nerds und Enthusiasten, die nahe an der Besessenheit operieren.

Wie sollte dieses Quartier mit seiner wunderbar spannenden Mischung nicht begeistern? Der wilde Nordwesten Tokios bietet für jeden etwas, inklusive der wenigen Touristen – zumindest im Moment noch …

JANES RUNDGANG

Mein perfekter Tag in Kichijoji beginnt mit einem Spaziergang durch den Park, noch bevor die Läden öffnen. Ich nehme mir einen Kaffee und ein süßes Teilchen aus der **Rose Bakery** ❶ in der wunderbaren Delikatessenabteilung unter der

Kichijoji Station ⓒ mit – diese gehört zur stilvollen **Atre Shopping Mall ❷**. In dem Einkaufszentrum reihen sich unzählige verführerische Shops aneinander, von Mode bis Haushaltswaren, neben lässigen, vollbesetzten Cafés und Restaurants. Nehmen Sie den Süd- oder Park-Ausgang.

Sie gehen über die Straße, laufen das Sträßchen hinunter und sehen direkt geradeaus auf ein Gebäude mit den Buchstaben OIOI – das ist der **Marui Department Store ❸**. Nun befinden Sie sich auf der Inokashira Dori und queren die Straße, danach nehmen Sie den Fußweg rechts am **Marui ❸** vorbei – nach ein paar Minuten passieren Sie ein paar Läden und Cafés.

Beachtung verdient das **L'epicurien ❹** auf der rechten Seite, weil Sie nach dem Parkausflug eventuell wieder zurückkehren wollen – seit Jahren befindet sich hier meine Lieblings-Patisserie samt Café, das an manchen Tagen die eigenen Öffnungszeiten verschläft. Ich sage nur: himmlische Schokolade, die auch als Souvenir Sinn macht. Von dort führen Stiegen hinunter in den **Inokashira Park ❺**. Im

Frühling begrüßt gleich der erste Baum voller Blüten die Besucher, nur einer von vielen. Von einer Bank am Teich lässt sich der Blick genießen. Wenn es die Zeit erlaubt, dann umrunden Sie den Teich oder spazieren zumindest bis in die grüne Mitte, vielleicht bis zum farbenfrohen Tempel **Inokashira Benzaiten** ❻ und wieder zurück. In der Nachbarschaft des Benzaiten stehen überall Hinweisschilder für das **Ghibli Museum** ❼, nur für den Fall, dass noch Zeit im Tagesplan ist. Ich möchte hinsichtlich dieser cartoon-artigen Ode an die Animation und Kunst des verehrten Hayao Miyazaki zwar keine Illusionen zerstören, aber dennoch darauf hinweisen, dass sich der Eintritt nur lohnt, wenn man weniger als einen Meter misst und das gigantische Stofftier Catbus beklettern darf – Tickets fürs Museum der Zeichentrickstudios unbedingt im Voraus buchen!

Wenn der Park in voller Blüte steht, ist er auch besonders gut besucht. Während der Sommermonate verwöhnt er Müßige mit seinem wohltuenden Grün und spendet Kühle im Schatten seiner Bäume. Im Winter reicht ein Mantel, um den Frieden zu genießen.

Genug der Natur: Sie steigen die Stufen wieder hinauf, gehen an
ein paar Cafés, Boho-Läden und mobilen Ständen vorbei zurück zur
Hauptstraße. Durchqueren Sie die Station bis zum Nordausgang –
wenn Sie nicht am prachtvollen Polizeirevier der Station hängen
bleiben, das Teil der **Atre Shopping Mall ❷** ist.

Hinter dem Nordausgang links liegt der **Nippon Department
Store ❽**, den gibt es auch im Designerviertel Aki-Oka (s. S. 231),
aber hier erscheint das Produktangebot vielfältiger. Seine Spezialität
sind erstklassige, traditionelle und kontemporäre handgemachte
Waren, Haushaltsartikel und einige wenige regionale Produkte.

Links von der Bushaltestelle vor dem Laden – das Schild mit
Sun Road Shotengai ❾ ist nicht zu übersehen – nimmt eine recht
unelegante alte Einkaufsarkade ihren Anfang, die einerseits besser
heute als morgen renoviert werden sollte, andererseits aber einen
guten Einblick in das Alltagsleben der Vorstadt gewährt.

Überqueren Sie Heiwa Dori, aber anstatt in die Sun Road Shotengai einzubiegen, nehmen Sie die erste links. Ein paar Läden weiter erscheint **Tansu-ya** ⑩ zur Linken, dort gibt es Secondhand-Kimonos, die auf jeden Fall einen genaueren Blick lohnen. Die Kimonos sind nicht so günstig wie anderswo, aber von sehr guter Qualität, und manche sehen aus wie neu.

An den Straßenverkäufern von Süßigkeiten, Tee und Ähnlichem vorbei, fällt dann meist eine sehr lange Menschenschlange auf, die vor **Satou butcher's shop** ⑪ ansteht – man sagt, dass die *minchi katsu* (Frikadellen aus *wagyu*-Hackfleisch mit einer Art Kroketten) das Warten allemal wert sind.

Auf der Kichijoji Dori gelangt man bis zum **PARCO department store** ⑫ und über die Straße zu **Uniqlo** ⑬ an der Ecke. Vor allem die Schaufenster mit der Freizeitkleidung präsentieren immer mal wieder ein paar tolle Sonderangebote. Nach Uniqlo wechseln Sie auf

die linke Seite der Nakamichi (mittlere Straße) – hier beginnt die alte *shotengai*-Gegend der Heiwa Dori.

Von nun an verspricht das Shoppen interessant zu werden. Bunt gemischt, zwischen den Gemüseständen im Familienbetrieb und den *gyoza*-Buden verstecken sich Lädchen mit höchst attraktiven Gütern und toller Kleidung.

Zugegeben, ein paar Mode-Labels haben sich auf eine ganz bestimmte Zielgruppe festgelegt: fragile Hungerhaken und basken-mützen-tragende Jungmütter in Denim-Latzhosen mit viel zu großen Mohair-Cardigans, am Arm die Wickeltaschen voll mit französischem Brot und Feuchttüchern fürs Baby. Ich habe mich noch nie länger in jenen Shops aufgehalten, aber das kann ja auch mein Fehler sein … Wenn Sie Konfektionsgröße XS bis S tragen, hochwertige Qualität und pragmatische Kleidung schätzen, sind Sie hier jedenfalls bestens aufgehoben.

In dieser Gegend gibt es einfach zu viele Shops, die großen Namen eingeschlossen, um einen sorgfältigen Überblick zu vermitteln. Die

nachfolgende Tour stellt darum nur die wichtigsten Punkte vor, weichen Sie jederzeit davon ab, wenn Ihnen der Sinn danach steht.

Nach 100 Metern rechts wartet das **L. Musee** ⑭, ein Laden, der so klein und niedlich ist wie die Vintage-Knöpfe, die er verkauft – außerdem gibt es auch noch Bänder und Schnüre. Ein paar Meter die Straße herunter, noch an der Post vorbei, folgt **Puku Puku** ⑮: ein relativ preiswerter Antiquitätenladen, hauptsächlich für Keramik und Lackwaren. Ich drücke mich gern durch dieses kleine Lädchen, vollgepackt mit handbemalten Tellern, Sake-Gefäßen, exquisiten Lackschüsselchen und dem einen oder anderen Holztablett. Halten Sie Ihre Ellbogen gut unter Kontrolle, sonst fallen noch die Kostbarkeiten vom Regal. Ein wenig weiter auf der linken Seite liegt **Wickie** ⑯ mit seiner spektakulär schönen Abteilung mit Dekorativem und Nützlichem des authentischen japanischen Deko- und Lifestyles.

Ein paar Läden später auf der gleichen Seite folgt **Pool2** ⑰ – ein Galerie-Geschäft, das jeden Monat seine sorgfältig auswählte Lifestyle-Kollektion von lokalen und internationalen Kreativen wechselt und ständig neue künstlerische Akzente setzt. Das Muttergeschäft und der Ausstellungsraum liegen ein Stück weiter die Straße herunter.

Zur Linken (kurz vor dem Spielplatz) stehen das relativ neue Geschäft von **Margaret Howell** ⓲ und das MHL Café. Die britische Designerin sucht Authentizität und ist von der Natur inspiriert, ein Ansatz, den die meisten Japaner sehr sympathisch finden. Er liefert eine plausible Erklärung dafür, dass sich ihre zeitlose Kleidung und die Accessoires schon seit den frühen 1980er-Jahren gut verkaufen. Derzeit gibt es 90 Filialen im ganzen Land. Auch das moderne Koch- und Tafelgeschirr, dessen Stil an traditionelle Stücke erinnert, kann sich sehen lassen. Wer sich jetzt nach einem Stück Quiche oder nach Scones mit Marmelade und Sahne sehnt, sitzt im angeschlossenen Café goldrichtig.

Gehen Sie weiter bis zum Ende der Nakamichi-Einkaufsstraße, der Name steht über dem Eingangsbogen, hier wenden Sie sich am farbenfrohen Cotswolds-Shop nach links – für einen kurzen Besuch im niedlichen **Tsubame-Markt** ⓳. Das Sortiment besteht vornehmlich aus Schreibwaren und aus europäischem, antikisierendem Allerlei. Zugleich kann das Lädchen als perfektes Beispiel dienen, wie Japaner auch den kleinsten Raum genial organisieren.

Zurück auf der Nakamichi führt der gleiche Weg zurück zu **Hara Doughnuts** ⓴ auf der rechten Seite. Natürlich gibt es überall auf der Welt Donuts, aber hier werden nur natürliche Zutaten zu ausgefallenen Geschmacksrichtungen verarbeitet: grüner Tee, schwarzer Zucker, Sesam, *kinako* (geröstetes Sojabohnenmehl) und sogar Spinat oder Karotten.

Gleich nach **Margaret Howell** ⓲ geht es links ab zu einem kleinen Kunst- und Handwerksmarkt. Der erste Shop auf der rechten Seite heißt **Bondo** ㉑ – eine echte Petitesse. Das Sortiment ist nicht groß, aber was immer es hier zu kaufen gibt, wurde mit allerfeinstem Geschmack ausgewählt, klug gestaltete und hübsche Waren aus ganz Japan – Keramik, Schmuck und Accessoires.

Die nächste Straße rechts führt zurück in den Trubel; wer den Düften des **Kichijoji Tsuru's Original Roast Beans** ㉒ widerstehen kann, ist aus härterem Holz als ich. Ein Kaffee zum Mitnehmen würde jetzt zum Donut passen, den Sie wahrscheinlich vorher erstanden haben.

はらドーナッツ

115

Weiter geht's, an der Post vorbei, mit einer raschen Einkehr nach links: **Markus** ㉓, eine kleine Galerie, verkauft moderne, erdige Keramik, außerdem schönes, mundgeblasenes Glas, handgemachte Taschen und andere wundervolle funktionelle Stücke, wie zum Beispiel traditionelle, handgefertigte Besen.

Zurück auf der Nakamichi und vorbei am nagelneuen Nike-Lauf-Store nehmen Sie die erste Straße links. Nach etwa 100 Metern taucht das **Cinq** ㉔ auf, ein Paradies für Küchen- und Tischgeschirr – nur an der Zahl 5 auf der Eingangstür zu erkennen. Der stilvolle Laden präsentiert retro-inspirierte wie moderne Küchen- und Gebrauchswaren in herrlichen Arrangements.

Auf dem Weg zurück, an der Ecke nahe am Nike-Laden vorbei, biegen Sie in die erste Straße nach links und erreichen nach 15 Metern das außergewöhnliche **OUTBOUND** ㉕.

Gefühlsmäßig führt einen die lange Straße schon fast in einen Vorort, aber glauben Sie mir – der Weg hat sich gelohnt: Von maßgeschneiderten, handgemachten Schuhen, die Sie überleben und Ihre ganzen Ersparnisse kosten werden, aber so wunderschön sind, dass Sie sie stundenlang streicheln wollen, bis zu geschmeidigen Holzschalen, die die Energie der Bäume, aus denen sie stammen, ausstrahlen, bis zu exotischen Parfums, die von japanischen Städten inspiriert wurden, und liebevoll geflochtenen Bambuskörben – kein wunderbarer Luxus fehlt. Und dann sind da noch die Hemden aus weichem Leinen in den Farben Indigo, Stein und Holz, organisch wirkende Keramik und handgemalte Grußkarten. Eine wahre Freude, von solch kreativer Energie umgeben zu sein!

Sie verlassen den Laden nach links und biegen in die nächste Straße links ein, die betriebsame Kichijoji Dori betreten Sie nach rechts. Zur Linken liegt eine buddhistische Tempelanlage. Paradoxerweise grenzt östlich eine Reihe internationaler Luxusmarkengeschäfte an. Nach 250 Metern stehen Sie wieder vor dem **PARCO** 🔢, lassen es links liegen und halten sich direkt in Richtung des Nordeingangs der **Kichijoji Station** 🔘.

…moderne, erdige Keramik, schönes, mundgeblasenes Glas, handgemachte Taschen und andere wundervolle funktionelle Stücke …

Hier kann man sich wundern, wie schnell die Zeit vergangen ist, weil die Dämmerung bereits einsetzt und sich eventuell Lust auf einen Drink und ein paar Snacks einstellt. Gut, dass die **Harmonica Yokocho** 🔢 auf dem Weg liegt: ein kleines, labyrinthartiges Quartier, wo sich rustikale und neuere, glitzernde *izakayas* und Bars aneinanderreihen. Am Tag ist hier der Hund begraben, aber schon in der Dämmerung flammen die Laternen und die Grills auf, bereit, die *yakitori*-Bestellungen zu brutzeln.

Schlendern Sie ein wenig durch diese exotische und mysteriöse Atmosphäre: Wahrsager nehmen ihre Plätze ein, Stammgäste bringen sich an der Bar in die Poleposition und ringen um die Aufmerksamkeit des Barkeepers, Teigtaschen-Falter tauschen den Klatsch des Tages aus, und der Essiggemüse-Schnippler hat nur ein Auge für seine

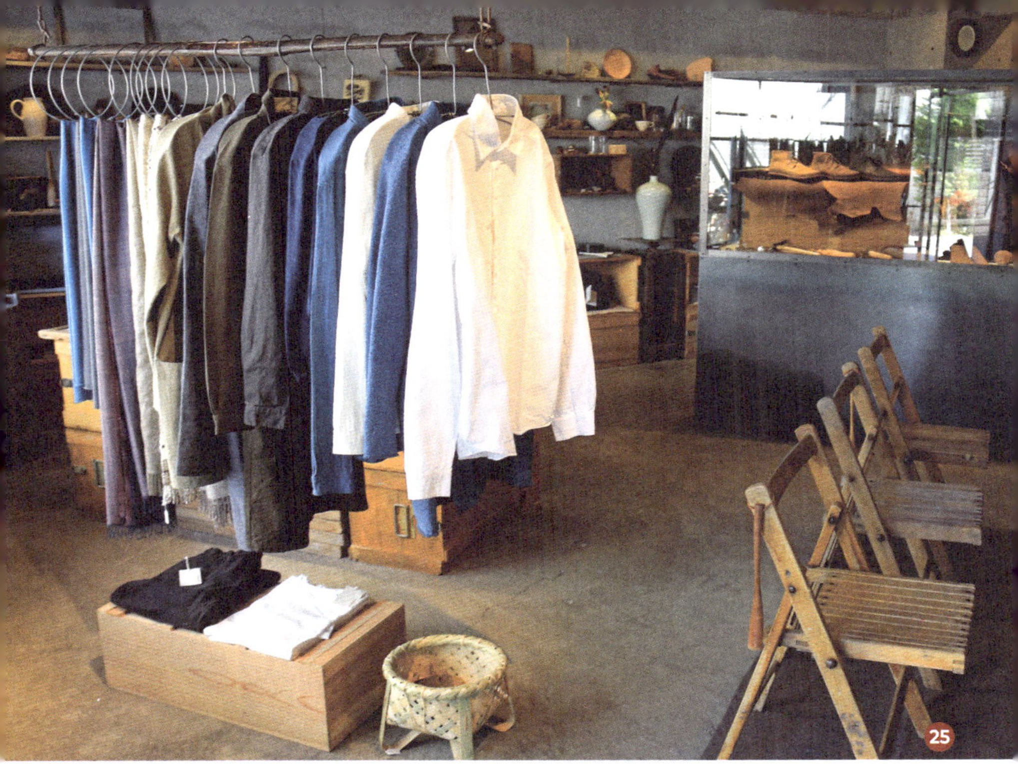
25

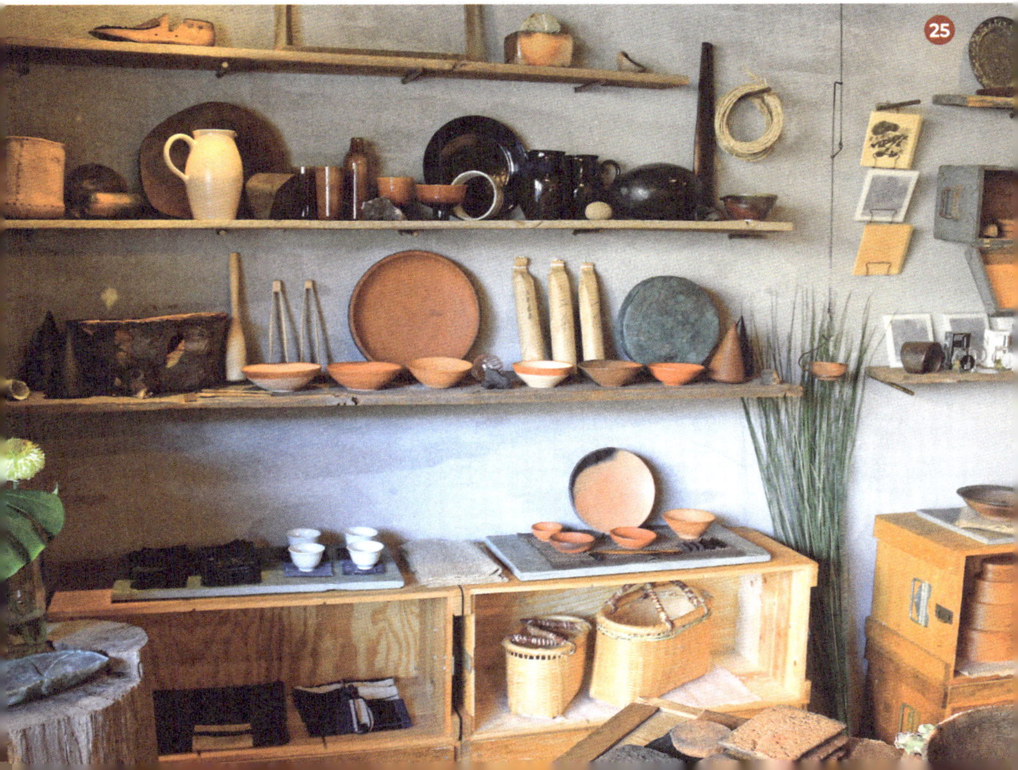
25

26

Arbeit, das andere klebt auf den Wiederholungen der Schwarz-Weiß-Filme, die über einen aschenbechergroßen Fernseher flimmern.

Wenn das authentische Nachtleben im Ghetto Sie eher verängstigt, dann finden Sie modernere, helle und saubere Lokale in der Nähe der Station. Auch wenn ich mich heutzutage mutig in die unbekannten Gassen stürze und mich dort auf einen kleinen Ratsch mit den Stammgästen und exotische Speisen und Getränke freue (es ist sicherlich viel leichter, wenn man die Sprache spricht), muss ich zugeben, dass ich mich jahrelang nicht in die vermeintlich privaten Spelunken der Einheimischen gewagt habe. Es wird Ihnen also niemand krumm nehmen, wenn Sie zum letzteren Vorschlag tendieren!

Kichijoji Station 🚇 liegt in unmittelbarer Nähe, wann immer Sie bereit sind, jetzt können Sie die Seiten wechseln. ●

Wer nur mal kurz in Kichijoji vorbeischauen möchte, sich aber eigentlich mehr für Vintage-Klamotten und das moderne Koenji interessiert, sollte nach vier Stationen mit der JR Chuo Linie Richtung Osten aussteigen – bitte beachten Sie, dass die meisten Läden frühestens um die Mittagszeit öffnen.

LEGENDE

1 PAL shopping arcade
2 Look Street
3 Spank
4 Peep Cheep
5 The Village Vanguard
6 Zool
7 Lover Soul
8 Aileen
9 Adoluvle retrist
10 Kiki
11 Comyu handmade & Vintage
12 Kiarry's
13 Grandprix
14 Ehon Yarusuban
15 Gallery3 Café
16 Mad Tea Party
17 Chosen-ji-Tempel
18 Used Clothing Suburbia
19 Hayatochiri
20 Southpaw
21 Nekono
22 Mikansei
23 Owl Café Baron
24 Sub Rosa

JANES RUNDGANG

Sie verlassen die **Koenji Station** durch den Südausgang und biegen nach rechts. Hinter der Ampelkreuzung befindet sich der Eingang zur eher uninspirierten **PAL shopping arcade** 1. Es reicht beim Durchlaufen, den Blick über beide Seiten schweifen zu lassen, vielleicht sticht ein cooles T-Shirt oder irgendeine absurd alberne Neuigkeit heraus. In der Straße hinter den Arkaden und in den leicht heruntergekommenen Seitengassen jedoch warten faszinierende Szenen und Laute aus einer längst vergangenen Zeit auf die ahnungslosen Besucher.

Das Ende der Shoppingarkaden überrascht mit einer völlig anderen Einkaufsstimmung: Über 700 Meter erstreckt sich ein kleines Handelsparadies unter freiem Himmel – willkommen in der **Look Street** 2. Hier und in der Umgebung reihen sich die Läden dicht aneinander; das Motto ist Vintage und Trödel, aber mit sehr unterschiedlicher Ausrichtung, von weich-feminin bis sonderbar-flippig. Zweifellos werden Sie Ihren Lieblingsladen finden, mein Vorschlag ist nur eine unter vielen spannenden und abwechslungsreichen Abfolgen für Ihren Spaziergang.

Die Liste genügt nur für den Anfang, sie hat keinen Anspruch auf Vollständigkeit, das wäre völlig vermessen; außerdem soll sie alle Möglichkeiten offen lassen, dass Sie Ihre ganz eigene Schatztruhe entdecken!

Also, machen Sie sich aufs Hakenschlagen gefasst, aber immer mit dem Blick nach vorn, um die Richtung nicht zu verlieren. Die großartige Architektur aus den frühen 1900er-Jahren, die zum Glück von den Bomben des Zweiten Weltkriegs verschont blieb, unterstreicht das Retro-Feeling in diesem Quartier.

Einen Schritt zurück, wir starten bei der **PAL shopping arcade ❶**: **Spank ❸** verspricht hübsche Pastell-Lolita- oder Baby-Doll-Looks. Wagen Sie sich auch nach links in die Straße, die hinter dem Laden verläuft, **Peep Cheep ❹** lohnt sich für florale Muster, Paisley und Karos, plus passendem Vintage-Schmuck. Sollte nach diesem vollgepackten Tag noch genügend Energie übrig sein, folgt weiter die Straße herunter und in den abzweigenden Seitengassen noch jede Menge Augenschmaus!

Zurück zur Tour: **The Village Vanguard** ❺ steckt voller Überraschungen, vom Funktionalen bis zum Absurden – Musik, Bücher, Manga- und Rockstar-Brillen und grelle Accessoires.

In der **Look Street** ❷ wartet **Zool** ❻ mit Vintage-Kleidung und Krimskrams; **Lover Soul** ❼ verkauft fetzige Stücke der Erfolgs-Moden aus den 1960er-, 1970er- und 1980er-Jahren.

Aileen ❽ (by grog grog) – Antiquitäten, Nippes und amerikanische Vintage-Kleidung; **Adoluvle retrist** ❾ – neue Kleidung, elegante, lässige Kombinationen; **Kiki** ❿ – *kawaii* (niedlich) und farbenfroh; **Comyu handmade & Vintage** ⓫ – handgemachte Vintage-Rüschen, -Spitzen und -Pelze; **Kiarry's** ⓬ – Sammlerspielzeug, Schilder und Tischgeschirr; **Grandprix** ⓭ – selbst die Mitglieder der amerikanischen TV-Serie »Brady Bunch« würden Sie jetzt beneiden.

Wenn Sie wieder auf der Hauptstraße angelangt sind (Ome Highway), sollten Sie umdrehen, vorbei am *takoyaki*-Stand (Oktopusbällchen-Snack) – halten Sie nach einem roten Tintenfisch gemalt auf einer gelben Markise auf der linken Seite Ausschau – geht es

nach links. Wenn Sie jetzt schon beim The Village Vanguard angekommen sind, dann haben Sie die Abzweigung um einen Häuserblock verpasst.

Lassen Sie die Post hinter sich und biegen danach rechts ein –
auf den ersten Blick sieht die Gegend vernachlässigt aus. Auf den
zweiten werden Sie richtig schnuckelige Cafés, Galerien und Läden
entdecken.

Auf der linken Seite stechen baufällige rote Treppen ins Auge.
Wenn Sie die Stufen vorsichtig erklimmen – es fühlt sich jedesmal an
wie im Baumhaus –, dann betreten Sie den wohl liebenswertesten,
skurrilsten Bilderbuchladen von ganz Tokio – **Ehon Yarusuban** ⑭.
Er hält antiquarische und neue Bücher vor, mit Schwerpunkt auf
Bilderbüchern für Kinder, und eine kleine Kollektion großartiger
Schreibwaren. Ein schüchterner, aber liebenswürdiger junger Mann
kümmert sich beinahe lautlos um die Kasse; er symbolisiert geradezu die für das Hinterland von Koenji so typische stille Energie – nur
einen Steinwurf von den Arkaden entfernt, wo Verbrechen in Neon
und kommerzieller Markenfetisch dominieren.

Wenn Sie die Stufen vorsichtig erklimmen – es fühlt sich jedesmal an wie im Baumhaus –, dann betreten Sie den wohl liebenswertesten, skurrilsten Bilderbuchladen von ganz Tokio …

Auf der gegenüberliegenden Seite der Gasse lockt das **Gallery3
Café** ⑮, der ideale Ort für eine kleine Rast und erstklassigen Kaffee.
Der Eigentümer spricht ein wenig Englisch und zählt offensichtlich
einige lokale Künstler zu seinen Kunden, ihre Werke schmücken die
winzige Galerie. Dieser Boxenstopp ist einfach nur beruhigend: Dem
Besitzer dabei zuzusehen, wie er umsichtig und sorgfältig den Kaffee
braut, versetzt einen umgehend in eine tranceartige Tiefenentspan-
nung. Nebenan feiert Lewis Carroll seine **Mad Tea Party** ⑯ mit einer
Kollektion an Vintage- und handgemachten Kleidern und Accessoires,
eine perfekte Inszenierung von »Alice im Wunderland«.

Sie biegen rechts in die nächste Straße ein und gehen nach dem
Supermarkt links, zehn Fußminuten später erreichen Sie **Chosen-
ji-Tempel** ⑰ – der perfekte Ort, um beim Einkaufen eine Pause
einzulegen und das schlechte Gewissen, die Kultur bisher sträflich

vernachlässigt zu haben, zu beruhigen. Das Licht ist am Nachmittag besonders reizvoll und lässt Details erstrahlen, die zu anderen Tageszeiten verborgen geblieben wären.

Beim Verlassen des Tempels lohnt sich ein Blick nach rechts, eventuell sind ja die Schaufenster des **Used Clothing Suburbia** ⓲ im Stil der 1950er-Jahre herausgeputzt. Nach dem Tempelbesuch geht es vom Tempeltor zurück zum Supermarkt von vorher. Sie biegen an der Einkaufsstraße rechts ab und sehen ein Reihe von Vintage-Shops und Speiselokalen; hinter diesen liegt ein entspanntes, freundliches Wohngebiet, das Einblicke in die japanische Alltags(-wohn-)kultur gibt.

Die gleiche Einkaufsstraße, die Sie zum **Chosen-ji-Tempel** ⓱ geführt hat, bringt Sie wieder zurück zur **PAL shopping arcade** ❶ – vorbei an Läden, die, angefüllt mit Secondhand-Turnschuhen und Ähnlichem, aus allen Nähten platzen.

Weiter geht die Tour in Richtung Bahnlinie, durch die Unterführung nach Norden und dann scharf nach links in die erste Straße zur Central Road – dort spannt sich ein Bogen, der mit einem Schriftzeichen verziert ist. Die Straße verläuft nordwestlich, und sie beginnt mit einer Vielzahl an billigen und quirligen Lokalen und Bars, an die sich noch mehr Barbiere und Friseursalons reihen. Ein wenig weiter wird's richtig bunt, skurrile Vintage- und Souvenirshops wechseln sich ab – am besten mit offenen Augen durchtreiben lassen.

Im chaotischen Kitakore Building sollten Sie bei **Hayatochiri** ⓲ vorbeischauen, das Allerlei an umwerfenden Vintage-Stücken ist einzigartig. Man kann den Laden gar nicht übersehen, sobald an einer monstergrünen Fassade zwei riesige Augen vom Dach auf Sie herunterschauen oder eine riesige, pinkfarbene Eiswaffel neben Ihnen steht, sind Sie angekommen – etwa auf halber Höhe der Central Road auf der linken Seite. Das Gebäude beherbergt auch **Southpaw** ⓴ (by Nincompoop Capacities) mit seinem exzentrischen Sortiment aus Retro und Moderne.

Der nächste Ort sollte in einem Style Guide eigentlich unerwähnt bleiben, aber er ist so schlecht, dass er schon wieder gut ist. Vorbei an ein paar Häusern, die Straße herunter, kommt **Nekono** ㉑ – eine Laden-Galerie, vollgepackt mit Katzen-*kazza* (eine Mischung unterschiedlicher Dekorstücke) und handgemachter Kunst für die »Katzen-Anbetung«. Das kuriose Sortiment ist total typisch für Tokio und reflektiert das Außerordentliche von Koenji; ich musste Sie also auf den Laden hinweisen.

Mikansei ㉒ und sein multikultureller Glamour kann der letzte Halt des Retro-/Vintage-/Skurril-Expresszugs sein, dann sollte es für diesen Tag reichen. Nehmen Sie den Sunkus Convenience Store an der Abzweigung als Markierungspunkt, denn mittlerweile ist es bestimmt schon Zeit für einen Aperitif, und genau gegenüber, im dritten Stock, residiert das **Owl Café Baron** ㉓.

Wenn Sie jedoch noch nie das Bedürfnis verspürt haben, in Gesellschaft von echten und gemalten Eulen Kaffee zu trinken, dann gehen Sie zurück zur **Koenji Station** Ⓢ – nicht ohne in jede der kleinen, mit Laternen ausgeleuchteten Gassen zu schauen. Sie werden Bars und Cafés entdecken, die nicht größer sind als eine Briefmarke, zum Beispiel das **Sub Rosa** ㉔ nahe der Station. Setzen Sie sich einfach an die Theke und schlürfen Sake oder erfrischenden roten *shiso*-Saft, begleitet von kreativen Snacks aus saisonalen Zutaten.

Wenn es dann Nacht ist, wird es Zeit, die Livemusikszene zu testen. Es gibt ein paar berühmte Live-Act-Tempel, ich halte lieber die Augen und Ohren nach versteckten, intimen Clubs mit lockerem Ambiente auf.

19

19

21

22

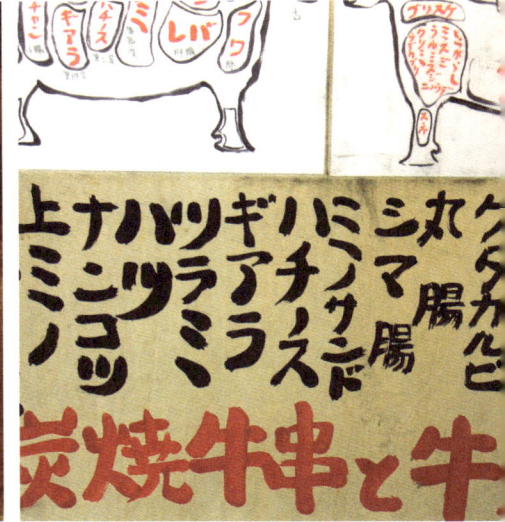

Oder doch noch hungrig? Auf dem Weg zurück zur Station schlüpfen Sie in die Straße nach rechts, kurz vor dem Ende der Central Road (genau dort, wo Sie sie erstmals betreten haben).

Sie befinden sich nun in einer heruntergekommenen Gasse unter den Schienen – *gado-shita* heißt wörtlich »unter der Eisenbahnbrücke«–, in der sich schäbige und elegante kleine Bars und Esslokale aneinanderdrücken. Dieser Abschnitt der Food-Szene auf der Koenji Street erlaubt einen kurzen Einblick in das echte, düstere Japan, das die Touristen eher selten zu sehen bekommen. Die berühmten *gado-shita*-Lokale stehen unter der Yurakucho Station, nicht weit vom Hauptbahnhof. Es macht riesigen Spaß, sich einen Barstuhl heranzuziehen, eine Schüssel *ramen* zu schlürfen oder ein paar *wagyu*-Spießchen mit kaltem Bier zu bestellen. Abstinenzverhalten ist hier zwecklos, wenn das in Knoblauch eingelegte Fleisch und die mit süßer Sojasoße bestrichenen *yakitori* auf dem Grill brutzeln, werden die verführerischen Aromen Sie überwältigen. Wenn diese Szene nicht überzeugend gewirkt haben sollte, dann folgen noch ein paar Restaurants und Bars auf der Südseite der Schienen. Nach dieser Stärkung geht's weiter, einfach auf die Schilder zum Bahnhof Koenji achten. ●

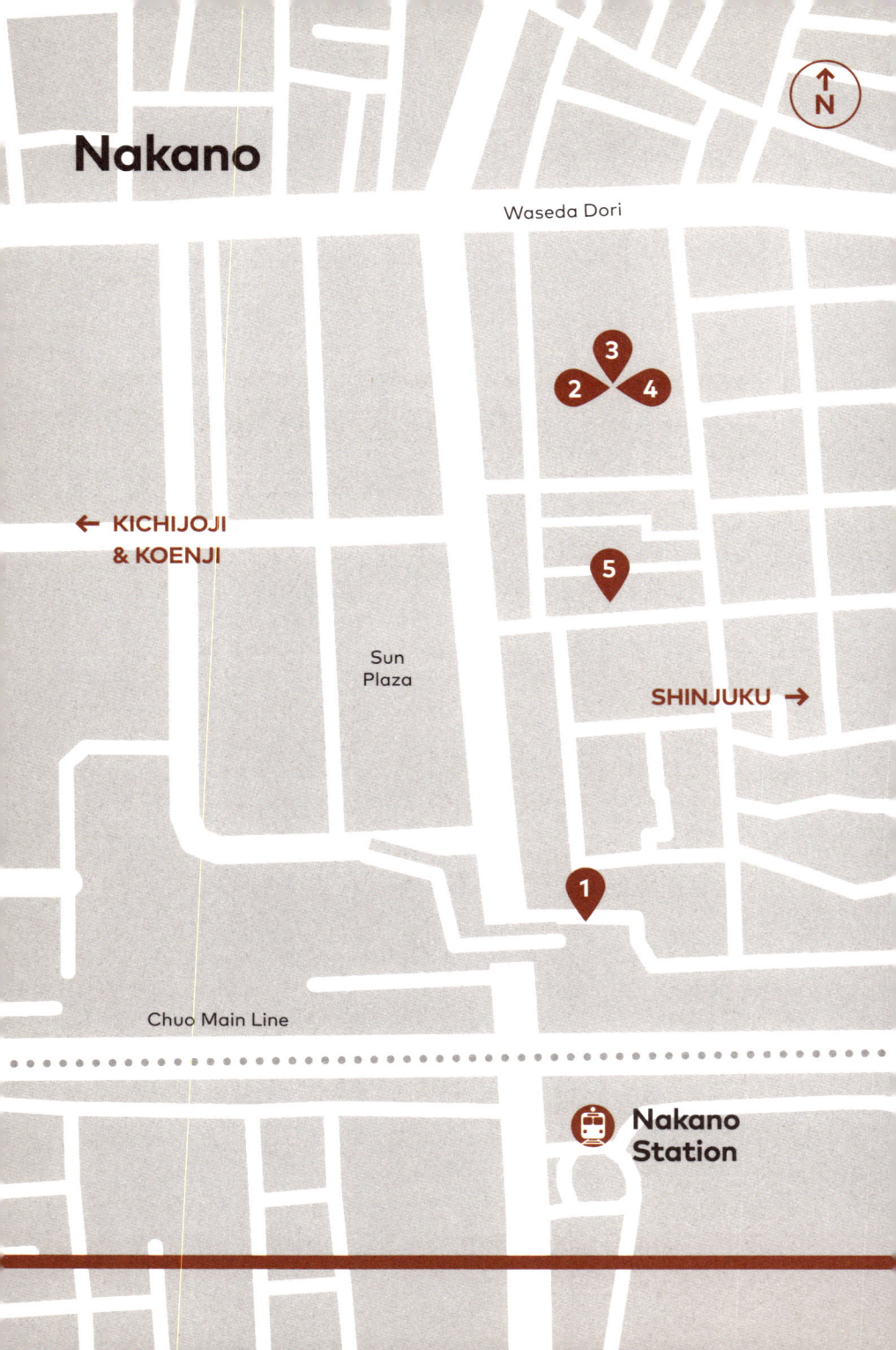

Nakano

Waseda Dori

N

3
2 **4**

← KICHIJOJI
& KOENJI

5

Sun
Plaza

SHINJUKU →

1

Chuo Main Line

Nakano
Station

Wenn sich Ihr persönlicher Nerd (oder Reisebegleiter) bemüßigt fühlt, noch einen Stopp einzulegen, dann fahren Sie eine Station weiter nach Nakano.

JANES RUNDGANG

Dort verlassen Sie **Nakano Station** ✪ durch den Nordausgang, direkt davor, hinter dem Busbahnhof, ragt der Eingangsbogen der **Sun Mall** ❶ auf – gleich rechts neben dem enormen Sun-Plaza-Komplex. Das Thema wiederholt sich in diesem Quartier Tokios unermüdlich: Sonnen-Mall, Sonnen-Platz, Sonnen-Straße …

Durchschreiten Sie die Arkaden in Richtung Norden, bis das **Nakano Broadway** ❷ erscheint – das Utopia für die Liebhaber von Puppen; sorry, nicht Puppen, sondern Sammlerstücken. So viel als Vorwarnung: Hier türmen sich Artikel, von denen Sie niemals gedacht hätten, dass irgendjemand sich für sie interessieren könnte; die Zielgruppe (vornehmlich Männer) begegnet ihnen mit aller Ernsthaftigkeit. Weltweit werden diese alten, manchmal auch neuen Figuren, Spiele und Seltsamkeiten für viel Geld gehandelt, weil ihr Wert ständig steigt – wenn auch langsam, sodass die Käufer den Wertzuwachs eventuell nicht mehr erleben werden. Oder die alten Schätzchen sitzen einfach in ihrer unberührten Verpackung auf einem Regal und ziehen mehr Staub als Interesse an, so lange, bis jemand sie wegwirft. Eventuell können Sie erstmals miterleben, mit welchen Schmuckstücken ein gewisser Typus Mann seine Höhle dekoriert. Aber wir haben schließlich alle unsere Laster …

LEGENDE

1 Sun Mall
2 Nakano Broadway
3 Back to MONO
4 MMTS
5 Teketeke Izakaya

②

ROBOT
ROBOT ★ Blythe
カスタム...
¥ 31,320-

Nun mal ernsthaft, objektiv gesehen bewegt sich dieser Laden zzwischen experimentell und spektakulär. Niemand kann sich so eine Produktlinie vorstellen! Ich muss zugeben, dass ich japanisches Vintage-Blechspielzeug, alte Tokioter Straßenschilder und sogar furchterregende Puppen unwiderstehlich finde. Schießen Sie ein paar tolle Fotos!

Der Nakano Broadway rühmt sich seiner Vielzahl an interessanten Hobby- und Geschenkeläden. Meine Favoriten sind **Back to MONO** ❸, mit Artikeln, die ebenso in einer modernen Kunstgalerie stehen könnten, und **MMTS** ❹ – weil, … das werden Sie schon selbst sehen!

Für die Musikfans der alten Schule gibt es einige Vinyl-Platten-läden. Alle Leute, die alt genug sind, um sich an die klassischen Arcade-Spiele zu erinnern, wie zum Beispiel die suchtgefährdenden »Space Invaders«, »Pac-Man« und »Frogger«, werden für einen Moment in die Vergangenheit zurückreisen und den Joystick gar nicht mehr loslassen wollen.

Auf dem Weg zurück zu **Nakano Station** ❻ verspüren Sie Lust auf ein seelenreinigendes Brathühnchen oder starken Alkohol? Sie verlassen den **Nakano Broadway** ❷ genau dort, wo Sie ihn betreten haben, und kehren in die **Sun Mall** ❶ zurück. Dort biegen Sie in die vierte Gasse links ein und sehen **Teketeke Izakaya** ❺. Die Spezialität ist gegrilltes und frittiertes *tori* (Hühnchen) von garantiert umwerfender Qualität. ⬤

KAGURAZAKA
& KORAKUEN

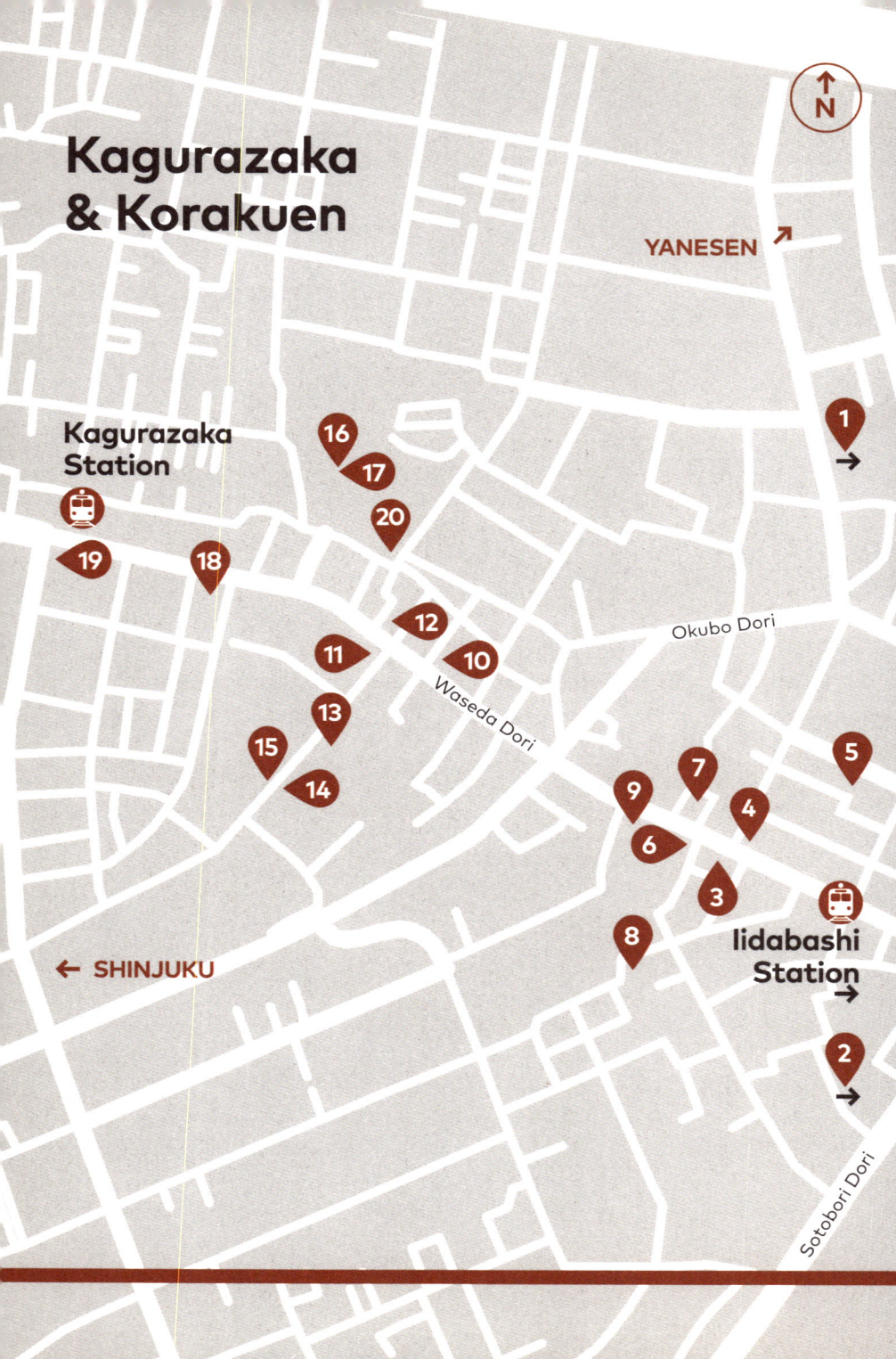

Kagurazaka & Korakuen

YANESEN ↗

Kagurazaka
Station

Okubo Dori

Waseda Dori

← SHINJUKU

Iidabashi
Station →

Sotobori Dori

Kagurazaka bezaubert mit einem Charme, wie er in dieser grellen und glitzernden Hauptstadt nicht leicht zu finden ist. Die reizenden, verwinkelten Kopfsteinpflasterwege, versteckte Ecken und ruhige, attraktive Wohngegenden schaffen ein Milieu, das eher an das traditionelle, niedrig gebaute Kyoto erinnert.

Kagurazaka liegt prominent am Hang und hat ein paar Geisha-Häuser und *ryotei* vorzuweisen – traditionelle Restaurants, die exquisite *kaiseki*-Küche anbieten. Während der Edo-Epoche (1603–1867) diente das elegante, aufstrebende Quartier als Unterhaltungsviertel für die Samurai, die rund um die Edo-Burg lebten – zu dieser Zeit der Sitz des Shoguns. Der Großteil der Burg ist zerstört, nur ein paar altertümliche Gebäude stehen noch auf dem Grund des nahe gelegenen Kaiserpalasts.

Moderne Einkaufsmöglichkeiten und Cafés etablieren sich zunehmend in Kagurazaka, aber immer noch dominiert die Vielzahl an traditionellen Geschäften, die Nahrungsmittel für den täglichen Bedarf verkaufen. Hier werden Sie mehr perfekt gekämmte, alte Damen im Kimono sehen als irgendwo sonst in Tokio, man könnte das der Geisha-Effekt nennen.

Am Abend, speziell an den Wochenenden, herrscht in diesem Quartier eine ansteckend lebendige Stimmung. Unter der Woche dagegen scheint es im Vergleich zu anderen Stadtteilen Tokios recht ruhig, sodass Sie entspannt umherschlendern und

LEGENDE

1 Koishikawa Korakuen Garden
2 Canal Café
3 Tsubaki-ya
4 Gojuuban honten
5 Makanai
6 Zenkoku-ji
7 Le Bretagne
8 La Ronde d'Argile
9 Isuzu
10 Baikatei
11 Kimuraya
12 Little Mermaid Bakery
13 Craftman Manou
14 La Terre
15 Enpuku-ji
16 Akagi Jinja (Schrein)
17 Akagi café
18 Bon Riviere
19 Le Kagu
20 KADO

nach Lust und Laune die Tempel und Schreine, die hier nah beieinanderliegen, besuchen können. Am Wochenende sind ein paar Straßen für den Verkehr gesperrt, sodass ausreichend Platz für die Fußgänger und die reizvollen Handwerksmärkte bleibt.

In der 1950er-Jahren errichtete die französische Regierung das Institut Français in dieser Gegend, um Japanern die Sprache und Kultur nahezubringen. Rundherum entstand eine große französische Gemeinde, und Savoir-vivre bestimmt auch heute noch das Straßenbild mit Restaurants, Cafés, Patisserien und Spezialiätenläden für Käse. Die romantische Ader Kagurazakas mag auch von seiner engen Beziehung zur Literatur herrühren. In der Vergangenheit ließen sich ein paar Verlagshäuser nieder, und man sagt, dass viele Schriftsteller und Poeten hier ihre Heimat gefunden hätten – und Sie werden bald verstehen, warum.

JANES RUNDGANG

J etzt haben Sie sich wahrscheinlich schon daran gewöhnt, dass ich meine hektischen Tage in Tokio gerne damit beginne, in der Natur tief durchzuatmen, oder sie unterbreche, um mich in der Kultur zu verlieren. Ein Tag in Kagurazaka ohne einen Spaziergang durch den wunderschönen **Koishikawa Korakuen Garden ❶** wäre nicht komplett; es handelt sich um eine der ältesten und besterhaltenen Anlagen Tokios. Der Garten wurde auf der Basis konfuzianischer Empfindsamkeit entworfen und erst 1938 der Öffentlichkeit zugänglich gemacht, obwohl die Anlage bereits seit dem 17. Jahrhundert existiert.

Um den Garten zu finden, verlassen Sie **Iidabashi Station** ⊕ durch den C3-Ausgang – das ist wichtig, weil die restlichen Ausgänge in ganz andere Gegenden führen. Halten Sie sich rechts und gehen die erste Straße links, dann liegt in 100 Metern zur Rechten der Eingang zum Garten.

Korakuen, wie es volkstümlich genannt wird, ist einer der wenigen Stadtteile, in denen Tokios Intensität gefühlsmäßig sehr weit entfernt

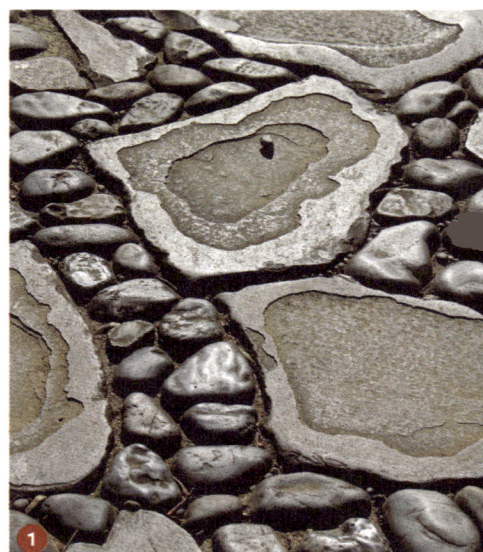

scheint, auch wenn es geografisch gesehen mittendrin liegt. Bei mir stellt sich immer ein tiefes Ehrgefühl ein, wenn ich in einem der wenigen verbliebenen Gärten aus der Edo-Zeit verweilen darf. Die Anlage ist größer, als sie auf den ersten Blick erscheint; auch wenn es am Einfachsten sein mag, erst einmal das Zentrum zu erforschen – die schönsten Beete und die interessantesten Nischen befinden sich in den entlegeneren Teilen des Parks. Halten Sie nach den dezenten hölzernen Hinweisschildern Ausschau. Brücken, Teiche, blühende Haine, Pinienbäume, moosbedeckte Felsen, tanzende Baumschatten und viel Raum zum Atmen – das ist, mitten in Tokio, der pure Luxus.

Im Winter verströmt der kahle Garten eine herrliche Ruhe – von einer leichten Schneedecke überzogen, ein teilweise vereister See und winzige Knospen, die sich schon auf den Frühling freuen; alldem wohnt eine Schönheit inne, die man selbst gesehen haben muss, um sie zu begreifen. Mit etwas Glück begleitet klassische Musik, die zart vom Tokioter Dom gleich nebenan herüberweht, den Gartenspazier-gang. Aus bestimmten Winkeln öffnet sich der Blick direkt auf die Skyline der Wolkenkratzer, ein surrealer Kontrast zur Gartenanlage, der einen daran erinnert, was sich außerhalb der Gärten abspielt.

Sparen Sie ein wenig Zeit und Ihren Füßen unnötige Kilometer und nehmen Sie an einem breiten Boulevard namens Sotobori Dori

ein Taxi bis zur **Iidabashi Station** . Wenn Sie mit dem Rücken zum betriebsamen Westausgang (B2a) stehen, liegt das **Canal Café** ❷ vor Ihnen – ein wunderbarer Ort für eine Koffeinauffrischung. An warmen Tagen öffnet die Terrasse mit Blick über das Wasser.

Direkt gegenüber, an der Ampel der Haupstraße, fällt eine schicke Starbucks-Filiale mit Holzfassade auf, gleich an der Ecke von Soto-bori und Waseda Dori.

Hier überqueren Sie die Straße und gehen die Waseda Dori hinauf. Diese Straße wird auch Kagurazaka Naka Dori genannt wird – über-setzt ist das »die mittlere Straße des Kagura-Hangs«. Kagura ist der Name der altertümlichen Shinto-Musik – man sagt, dass sie früher aus der Edo-Burg bis zum *zaka* (Hang) geklungen haben soll.

Auch wenn ein halber Tag schon einen guten Eindruck von dieser Gegend vermittelt, rate ich, ein wenig länger zu bleiben, wenn es der Zeitplan erlaubt. Dieser Stadtteil Tokios lädt geradezu dazu ein, sich hier zu verlieren, indem man sich einfach nur durch die Gässchen treiben lässt. Solange Sie sich an der mittleren Straße orientieren, haben Sie alles unter Kontrolle. Die Nachbarschaft ist optisch sehr reizvoll, in einem Moment stoßen die Schultern beinahe an die Haus-wände über den winzigen, steingepflasterten Gassen, im nächsten wartet gleich hinter der Ecke eine grandiose architektonische Struktur.

Es macht riesigen Spaß, dieses lebendige Viertel zu erkunden. Der Bezirk am Fuße des Hangs und die abzweigenden Gassen erinnern ein wenig an eine gewöhnliche Chinatown mit vielen Esslokalen und -ständen, die sich zwischen Blumenverkäufern und Räucherstäbchenläden, Supermärkten, Patisserien und Shops mit japanischen Reiscrackern und *wagashi* (Süßigkeiten) mischen.

Ein bisschen weiter den Berg hinauf, auf der linken Seite, wabern schon die Duftwolken von **Tsubaki-ya** ❸ herüber – das ist ein kleiner Laden im Erdgeschoss des Miyasaka-Gebäudes, der eine große Auswahl an hübsch verpackten Räucherstäbchen verkauft. Das Angebot schließt auch andere Details zum Thema »Schöner Wohnen« ein, wie hübsche *washi*-Produkte aus Papier mit jahreszeitlichen Motiven. Die Japaner sind überzeugt davon, dass Düfte ihrer Umgebung einen bestimmten Charakter verleihen und nonverbale Botschaften übermitteln.

Beim Verlassen von Tsubaki-ya fällt ein rotes gekacheltes Gebäude gegenüber ins Auge, das einen Laden beherbergt, der für seine nach chinesischer Art gedämpften Wecken bekannt ist. **Gojuuban honten** ❹ füllt die Semmeln süß oder salzig – von Pudding und süßer Azukibohnenpaste bis zu zartem, in Soja gegartem Schweinefleisch oder winzigen, getrockneten Fischen bis zu modernen Zutaten wie Mozzarella – besonders beliebt beim jungen Publikum. Genießen Sie vor Ort, noch warm, oder später, in ein kleines Paket verschnürt, als Take-away.

Das Ambiente wirkt wie aus einer anderen Zeit, wenn man die Augen zukneift, stellt sich für Sekunden der Eindruck ein, dass eine Geisha in der Dämmerung durch die Gassen huscht.

Gleich rechts zweigt eine Straße ab, die von Laternen gesäumt ist, die Honda Yokocho – benannt nach einem Samurai, der hier wohnte. Über 50 Speiselokale und Bars drängen sich aneinander, aber das Leben beginnt hier erst nach Sonnenuntergang. Auf der rechten Seite folgen zwei Gassen mit Kopfsteinpflaster, die es zu entdecken gilt. Geisha Shinmichi ist die erste rechts, nach dem Shop mit den

まん ¥87(本体価格)

三千春 神楽坂本店
焼きそばまん
¥340 (税込) ¥315(本体価格)

三千春 神楽坂本店
モッツァレラチーズまん
¥290 (税込) ¥269(本体価格)

三千春 神楽坂本店
あんまん
¥370 (税込) ¥343(本体価格)

三千春 神楽坂本店
ピリ辛肉まん

4

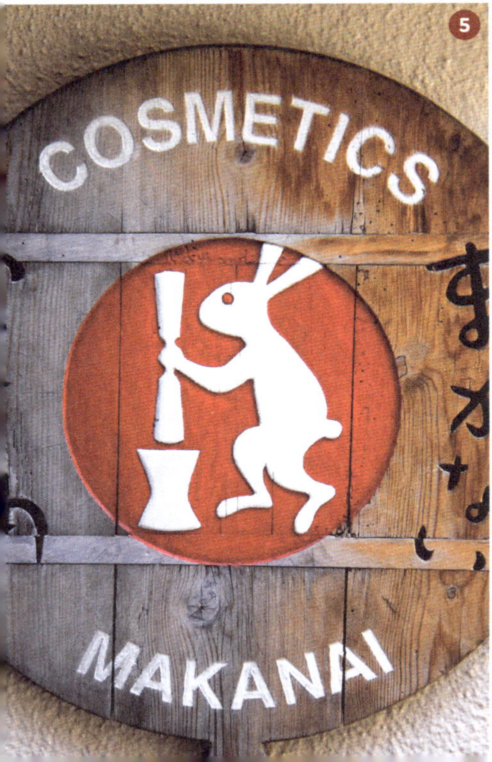

5

COSMETICS

MAKANAI

まかない

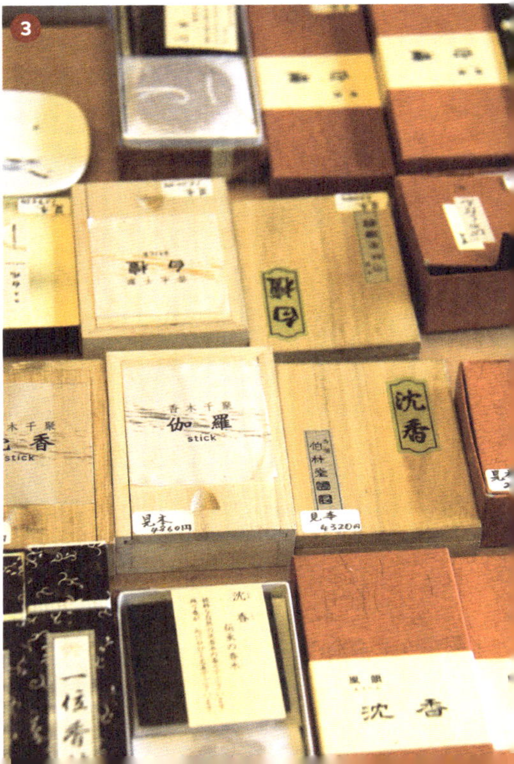

3

gedämpften Wecken. Kakurenbo, oder auch Embo yokocho (frei übersetzt, die »Gasse des Versteckspielens«), folgt kurz darauf. Das Ambiente wirkt wie aus einer anderen Zeit, wenn man die Augen zukneift, stellt sich für Sekunden der Eindruck ein, dass eine Geisha in der Dämmerung durch die Gassen huscht. Halten Sie Ausschau nach **Makanai** ❺, dort gibt es japanische Naturkosmetik mit Inhaltsstoffen wie Grünem Tee, *konnyaku* (Stärke) und *yuzu* (eine japanische Zitrusfrucht).

Weiter geht es die Waseda Dori bergauf; nach ein paar Schritten liegt hinter einem roten Tor der beliebte Tempel **Zenkoku-ji** ❻ – hier ist Bishamon-sama, die Schutzgöttin von Kagurazaka, zu Hause. Sie bedankt sich angeblich seit über 200 Jahren bei ihren Anbetern, indem sie sie mit Glück überschüttet. Das große Tor auf der Vorderseite trägt den Namen Bishamonten – wenn Sie mit einer Gruppe unterwegs sind, empfiehlt sich diese Sehenswürdigkeit als Treffpunkt, falls jemand auf der Tour verloren gehen sollte.

10

7

9

（本体 3,030円）

明
寺

ち

も
ち

い
す

Wer die chinesischen Wecken ausgelassen hat und nun ein Hungergefühl verspürt und sich womöglich nach etwas Französischem sehnt, befindet sich genau an der richtigen Stelle, um Kagurazakas beliebtestes Crêpes-Lokal aufzusuchen – **Le Bretagne** ❼. Vom Tempel aus queren Sie in Richtung eines chinesischen Restaurants (Torijaya Honten), nehmen das Sträßchen, das entlang des Restaurants führt, und stoßen 20 Meter später auf die Crêperie mit feinsten bretonischen Buchweizen-Fladen samt würzigen (etwa mit französischem Schinken und Käse angereicherten) und süßen Füllungen. Die Crêpes inklusive der Beilagengerichte sind erschwinglich und schmecken am besten mit spritzigem Cidre. Ohne vorherige Reservierung ist es ratsam, pünktlich zur Öffnungszeit an der Tür zu stehen, denn das Lokal füllt sich innerhalb von wenigen Minuten. Die Spezialität des Hauses: Crêpes mit Salzbutter-Karamell-Eiscreme – ein köstliches Dessert.

Zurück zum **Zenkoku-ji** ❻: Nach dem Tempel halten Sie sich an der ersten Kreuzung rechts und erreichen nach ein paar Shops **La Ronde d'Argile** ❽. Eine wunderbare Galerie, die faszinierende handgemachte Stücke aus Keramik, Holz, Metall und Glas zeigt, deren Dekor zwischen traditionell japanischer und französischer Ästhetik schwankt.

Nach der Rückkehr zum Tempeltor geht es weiter den Hang hinauf. Auf der linken Seite liegt **Isuzu** ❾, ein seit Langem berühmter Laden mit Süßigkeiten. Wer sich bis jetzt die *wagashi* (Süßwaren) verkniffen hat, sollte jetzt zugreifen – leicht rosa gefärbte *sakura mochi* (Reis mit Kirschblütenaroma und süßer Bohnenpaste, präsentiert in einem Kirschblatt) oder süße, mit Soja glasierte *mitarashi dango*; ein köstlicher Snack zusammen mit einer Tasse Grünem Tee, auch für später im Hotelzimmer.

Etwa 250 Meter weiter die Straße herunter befindet sich auf der rechten Seite ein originelles *wagashi*-Geschäft namens **Baikatei** ❿. Die Kellner sind fast so süß wie die Waren. Die bildschönen Schaufenster werden thematisch nach Jahreszeiten dekoriert. Das Geschäft gibt es zwar seit über 80 Jahren, aber die Interpretationen der Leckereien, wie zum Beispiel fingerhutgroße Erdbeeren aus weißer Bohnenpaste mit schockgefrorenen Erdbeerstücken, sind bezaubernd und eignen sich hervorragend als Gastgeschenk.

Noch ein paar Läden weiter, auf der anderen Straßenseite, steht ein großer japanischer Supermarkt mit Namen **Kimuraya** ⓫ – hier lässt sich einerseits der Hotelkühlschrank auffüllen, andererseits

eignet sich das Geschäft als Markierungspunkt für den Spaziergang durch die verschlungenen Gassen. Naschkatzen dürfen noch nicht einmal in die Richtung der **Little Mermaid Bakery** ⑫ auf der Straßenseite gegenüber schauen – sonst laufen sie Gefahr, den ganzen Laden aufzukaufen.

Entlang der Straße, südwestlich von **Kimuraya** ⑪, reihen sich ein paar Shops, die man zumindest beachten sollte.

Nach ca. 100 Metern folgt eine Boutique mit handgearbeiteten Lederwaren namens **Craftman Manou** ⑬. Halten Sie nach der roten Markise Ausschau und gucken erstmal durchs Schaufenster in den Laden, wahrscheinlich sitzt dort ein Mann über seine Handwerksarbeit gebeugt. Der Eigentümer und seine Frau bilden ein freundliches Team, das maßgeschneiderte Leder- und Stofftaschen auf Bestellung fertigt. Auf den Regalen stehen ein paar Stücke, auch recht niedliche Täschchen, zum Verkauf, die Sie gleich mitnehmen können, da Sie ja wahrscheinlich keine Zeit zum Warten haben!

Auf der gleichen Straßenseite befindet sich das hübsche, sehr französisch anmutende **La Terre** ⑭. Das Sortiment konzentriert sich auf

zeitgenössische japanische Keramik – *soba*-Tassen, Sake-Fläschchen und hübsche *nabe* (Eintopfgefäße) – in Naturlack und -farben.

Der Tempel auf der gegenüberliegenden Straßenseite heißt **Enpuku-ji** ⑮, erkennbar an den großartigen Kupferstichen auf dem Eingangstor, die Geschichten aus der Vergangenheit dieses Viertels erzählen. Von dort geht es zurück nach **Kimuraya** ⑪.

Ein paar Häuserblocks weiter verläuft der Weg an der Ampel vorm Sunkus Convenience Store nach rechts – dort tut sich ein riesiges rotes *torii* auf. Das Tor ist der Eingang zum **Akagi Jinja** ⑯ – dem Akagi-Shinto-Schrein –, der mit seinem modernen Stil überrascht und sich harmonisch in den urbanen Hintergrund fügt. In ganz Japan habe ich noch nie so einen Schrein gesehen – eine Kombination aus Glas und honigfarbenem Holz mit einem Dach aus Stahl darüber. Der Schrein, den Geschichtsbüchern zufolge über 700 Jahre alt, war schon sehr heruntergekommen und wurde 2010 vom berühmten, kontemporären Architekten Kengo Kuma rekonstruiert; er zeichnet auch für das Design des Nezu-Museums (s. S. 71) und des Kultur- und Informationszentrums Asakusa (s. S. 201) verantwortlich.

Der Schrein gilt als das eigentliche Herz und wahrer Kraftort von Kagurazaka.

An den Schrein grenzt ein Apartmenthaus, dessen Rendite die Rekonstruktion mitfinanzierte. Im Untergeschoss befindet sich das helle, luftige **Akagi café** ⓱ – ein idealer Platz, um den Füßen Erholung zu verschaffen und über einem Glas Wein ein paar philosophische Gedanken anzustellen. Das Konzept der gesamten Anlage ist schlichtweg außerordentlich.

Einmal im Monat findet auf dem Gelände des Schreins ein kleiner Handwerksmarkt statt. Die Veranstaltungstage sind unterschiedlich, die Öffnungszeiten reichen immer von 10–17 Uhr, aktuelle Infos enthält der Blog (am besten mit Google-Übersetzer): www.akagimarche. blogspot.jp.

Zurück auf der Hauptstraße, führt der Weg weiter bergauf. Das **Bon Riviere** ⓲ stärkt die Lebensgeister mit frischem Kaffee – der Eiskaffee macht an warmen Tagen munter, die Schokolade und die Kuchen schmecken herrlich, aber die klitzekleinen, fruchtigen Meringues sind von einer anderen Welt. Die müssen Sie unbedingt probieren!

Etwa 100 Meter bergan folgt eine Verkehrsampel, zur Rechten der
Eingang zur Kagurazaka Station – gleich neben McDonald's –, und
zur Linken führt eine wunderschöne, breite Holztreppe, die der
Spanischen Treppe in Rom nachempfunden wurde, hinauf zum
Laden **Le Kagu** 🔴 mit seiner cleveren Kollektion. Die Franzosen
gaben Kagurazaka diesen Spitznamen, vermutlich, weil das Original
für sie ein Zungenbrecher war.

Das Geschäft ist in einer modern wirkenden Lagerhalle untergebracht, die einst einem Verlag gehörte und ebenfalls vom einheimischen Architekten Kengo Kuma (s. S. 185 Akagi Jinja) gestaltet
wurde; ein Großteil der von Kritikern gepriesenen ursprünglichen
Substanz blieb bei der Renovierung erhalten. Le Kagus Leitthema be-
fasst sich mit der Erneuerung und der Aufwertung: dem Verquicken
des Alten mit dem Neuen in allen Bereichen des Lebens – von Kleidung, Wohnung und Essen bis hin zu Überlieferung. Die Eigentümer
legen Wert darauf, Wissen weiterzugeben. Im zweiten Stock halten
sie regelmäßig Autorenlesungen ab, und ihr Mikro-Buchladen hält
lediglich zehn sorgfältig gewählte Titel von zehn sorgfältig gewähl-
ten Autoren vor – manche sind berühmt, andere stammen aus dem

direkten Umfeld. Die Sujets reichen von Lifestyle, Kunst und Design über Philosophie und japanische Kultur.

Die Mode und die Einrichtungsgegenstände haben europäische und einheimische Designer entworfen. Die Haushaltswarenabteilung bietet eine äußerst attraktive Produktpalette von neuen und antiken Stücken, handverlesen vom hauseigenen Ausstatter. Ein einladendes Café serviert Hotdogs, Pommes frites und Kaffee (»weil es das ist, was junge Japaner wirklich essen wollen«), die Wurst wird nach europäischem Rezept hergestellt.

Es ist relativ einfach, viel Zeit und einen ganzen Haufen Yen in diesem tollen Laden zu lassen.

Sie könnten nun bereits mit Tüten und Taschen behängt sein und lieber auf direktem Weg ins Hotel zurückkehren wollen: Dann gehen Sie die Holztreppen wieder hinunter und steuern Kagurazaka Station an. Wenn aber Ihre Lust geweckt ist, ein wenig länger durch die friedliche, oft ein wenig rustikale Wohngegend zu schlendern, geben die verwinkelten Gassen südlich und östlich des **Le Kagu** 🕦 das ideale Revier ab.

Sollte es Zeit zum Abendessen sein, dann kehren Sie zur Vorderseite der **Kimuraya** 🕕 zurück und biegen in die Straße ein, die nach

Nordosten führt. Ihrem Verlauf folgend geht es zunächst um die Kurve und dann bergauf, bis zu einem schwarzen Zaun und dem Eingang des **KADO** ❷. Dieses zwanglose, traditionell japanische Restaurant logiert in einem alten Haus und serviert einfache, frische Hausmannskost. Das Mittagsmenü besteht aus günstigen Gerichten, wie *donburi* (Reisschalen mit einer Portion »Protein« garniert) oder *omu*-Reis (Omelette mit einer Füllung aus gewürztem Reis). Zum Abendessen köcheln in der *nabe* Eintöpfe mit Ente, Wachtel, Schwein oder Meeresfrüchten zu sehr fairen Preisen.

Allein das Ambiente ist unbezahlbar – solch eine Erfahrung hat in Tokio Seltenheitswert: Das Lokal liegt versteckt, ist ein wenig dunkel, und es fühlt sich an, als käme man in seine eigene Höhle, weit weg von der Welt. Authentisch auch die Sitzkultur: Hier nimmt man auf *tatamis* Platz – fragen Sie ruhig nach einem extra Kissen, wenn der Komfort leidet.

Das Quartier wird gegen Abend lebendiger, also bleiben Sie noch auf ein Glas Wein in einem Café oder einer Bar mit französischem Namen und genießen die Stimmung, wenn die Lichter auf diesem Zauberberg langsam ausgehen. ●

ASAKUSA &
KAPPABASHI

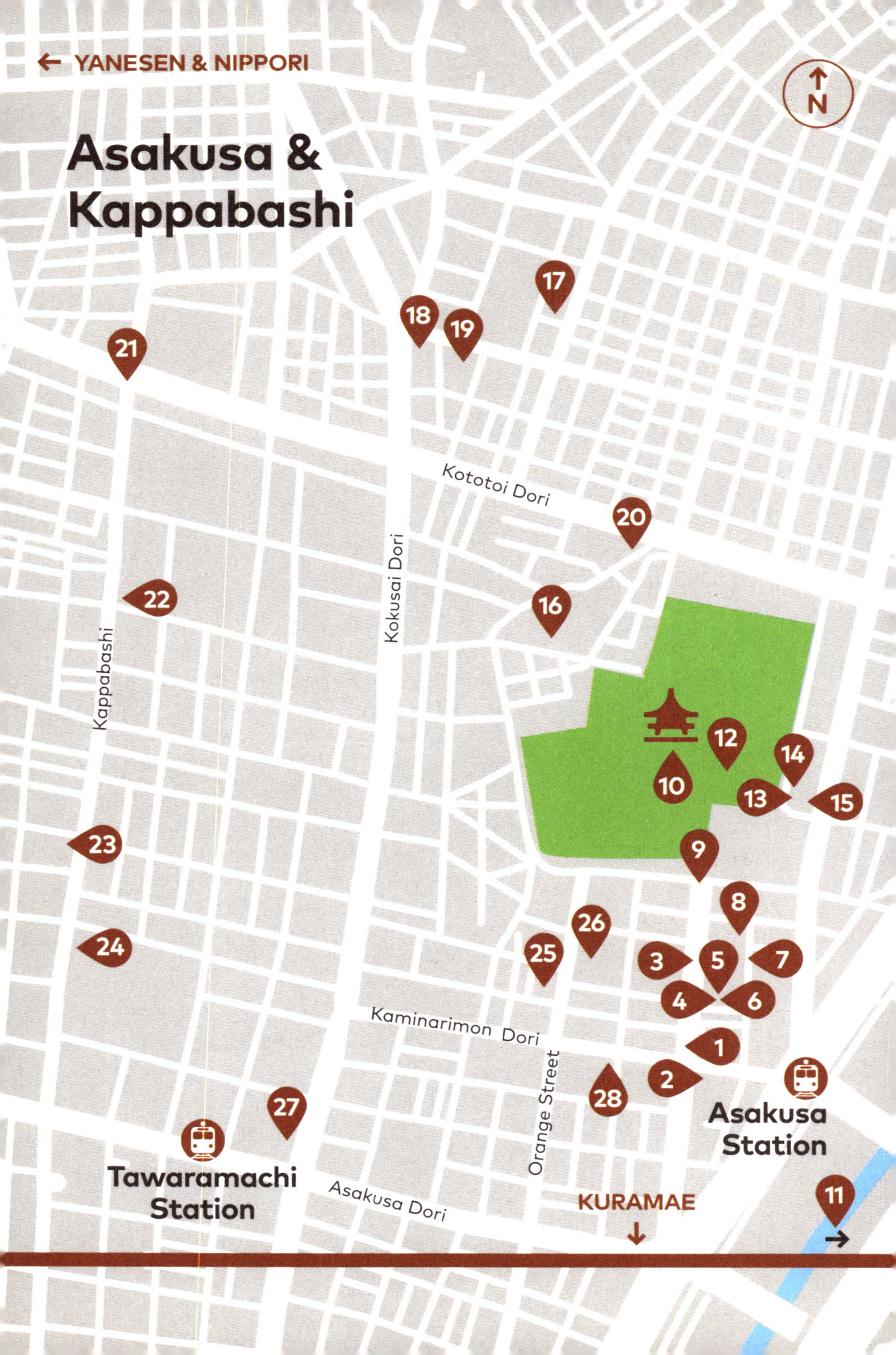

Asakusa & Kappabashi

N

17

18

19

21

Kototoi Dori

20

22

Kokusai Dori

16

Kappabashi

12

14

10

13

15

9

23

8

24

26

25

3 5 7

4 6

Kaminarimon Dori

1

Orange Street

2

28

11

Asakusa
Station

27

Tawaramachi
Station

Asakusa Dori

KURAMAE
↓

→

LEGENDE

1 Kaminarimon Gate
2 Kultur-Informationszentrum Asakusa
3 Nakamise-Passage
4 Kanzashiya Wargo
5 Kuriko-an
6 Kineya
7 Kiryudo
8 Haneda
9 Hozomon Gate
10 Sensoo-ji
11 Tokyo Skytree
12 Asakusa-Schrein
13 AMUSE-Museum
14 Bar Six
15 Marble
16 Hanayashiki
17 Asakusa Dougin Douki
18 Carbo
19 Sekine-Bäckerei
20 Meugaya
21 Kappabashi
22 Nishiyama's
23 Kamata
24 Maizuru
25 Asakusa Maekawa Tsurushi Shuto
26 Asakusa Mori Gin
27 Tempura Takenawa
28 The Gate Hotel by Hulic

Asakusa ist schon immer mein liebster Stadtteil in Tokio gewesen. Auch viele Japaner bevorzugen diesen Bezirk, sie besuchen die opulenten und farbenfrohen »Festivals«, die hier das ganze Jahr über stattfinden – doch auf den typischen Touristenrouten war Asakusa lange nicht zu finden. Vor allem gefällt mir die relative Abgeschiedenheit in Tokios nordöstlicher Ecke, aber die Dinge haben sich geändert, wie das in »Big Sushi« so häufig und rasch passiert.

Schwärme von versierten Travellern stürmen nun täglich den allmächtigen Sensooji – auch bekannt als Asakusa-Kannon-Tempel. Sie strömen durch das eindrucksvolle Kaminarimon-Tor (dem Gott des Donners geweiht) und füllen die geschäftigen Nakamise-Einkaufsarkaden, die bis ins Zentrum des Tempels reichen. Der Ursprungsbau wurde im Jahr 645 zu Ehren der buddhistischen Gottheit Kannon errichtet. Das macht den Tempel zum ältesten in ganz Tokio – hier kann sich sogar die Einkaufsstraße einer Geschichte von mehreren hundert Jahren rühmen.

Um dem Massenandrang zu entgehen, planen Sie Ihren Besuch entweder recht früh oder später am Nachmittag. Das Quartier ist am Abend sehr schön, wenn es in zinnoberrotes Licht getaucht ist. Die vielen Läden der überdachten Arkaden neben der Nakamise dori verkaufen eine Mischung an ausgefallenen und perfekt geeigneten Mitbringseln. In den ruhigeren Straßen hinter dem Haupttrakt des Tempels stoßen

Interessenten auf eine Vielzahl an *wa-mono* (traditionelle Waren), *matsuri*-(Festtags-)Gewänder und -Accessoires, auf handgeschlagene Kupfertöpfe und -kessel, Whisky- und Sake-Becher aus geschliffenem Glas im Stil der Edo-Zeit und andere Artikel.

Generationen talentierter Künstlerfamilien haben diese Andenken hergestellt – und nicht selten bringen recht schrullige Ladenbesitzer die Waren an den Mann bzw. die Frau.

Ganz in der Nähe der Kappabashi reihen sich unzählige Speiselokale aneinander, die inzwischen auch schon die Touristenmassen abklappern, weil sich herumgesprochen hat, dass man hier gutes Essen zum kleinen Preis bekommt. Ein Laden nach dem anderen ist bis zur Decke vollgestopft mit Wachs-Repliken der Gerichte und einer riesigen Auswahl an Keramik, an Töpfen, Pfannen, Messern und Ähnlichem (sowohl in traditionellen und als auch in modernen Küchen einsetzbar). Mein heißer Tipp: einkaufen und heimschicken! Japans Post ist sicher, schnell und preiswert.

In den hinteren Straßen des Quartiers erlebt man noch wahre Nachbarschaft. Am liebsten durchstreife ich das Viertel mit meiner Kamera und schieße Fotos von Menschen, die ihre tägliche Routine erledigen; von den verwitterten Fassaden ehrwürdiger Architekturdenkmäler oder von den intimen Details mancher Straßenzüge, die beim nächsten Besuch vielleicht schon nicht mehr existieren. Hier liegen Herz und Seele dieses Quartiers.

JANES RUNDGANG

Etliche Bahnlinien fahren zur **Asakusa Station** ⊖. Gleichgültig, welchen Ausgang man wählt, liegt das **Kaminarimon Gate** ❶ nur wenige Minuten entfernt und ist gut ausgeschildert. Mit dem Rücken zum Tor stehend, rückt auf der anderen Straßenseite

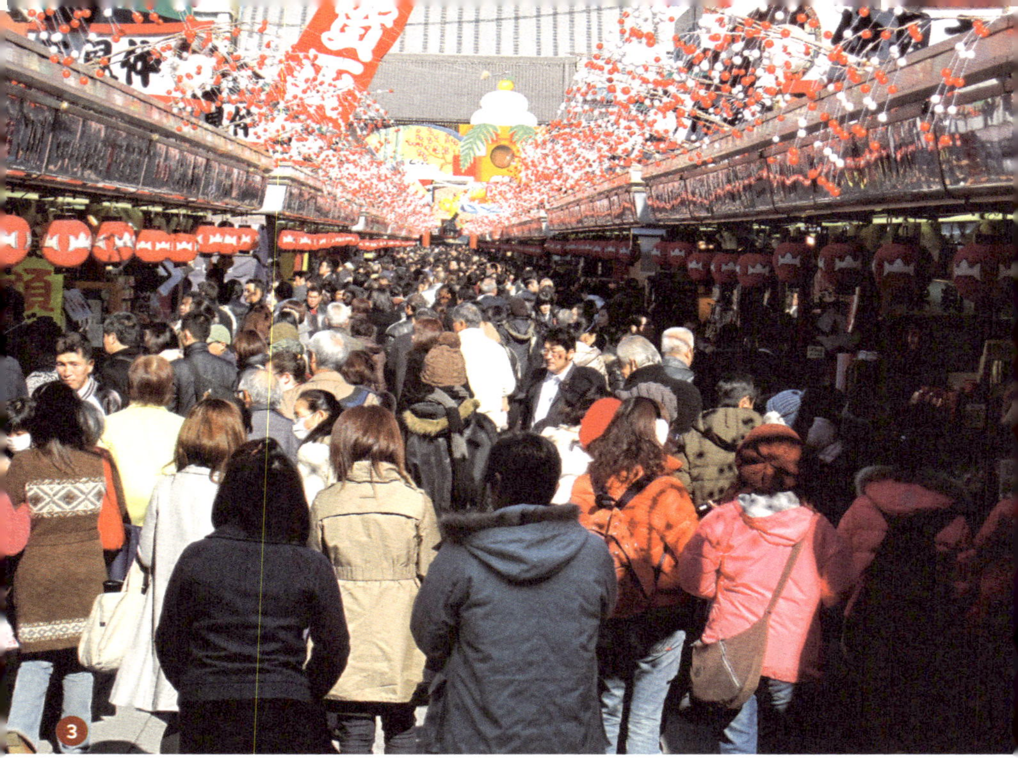
3

3

3
わさび豆
小梅
山海豆
うに豆
四百ぐらむ 七六〇円
砂糖豆
落花糖

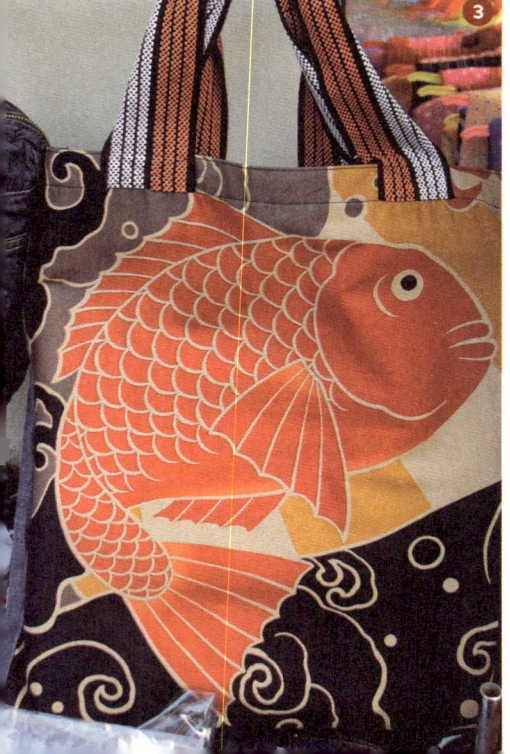

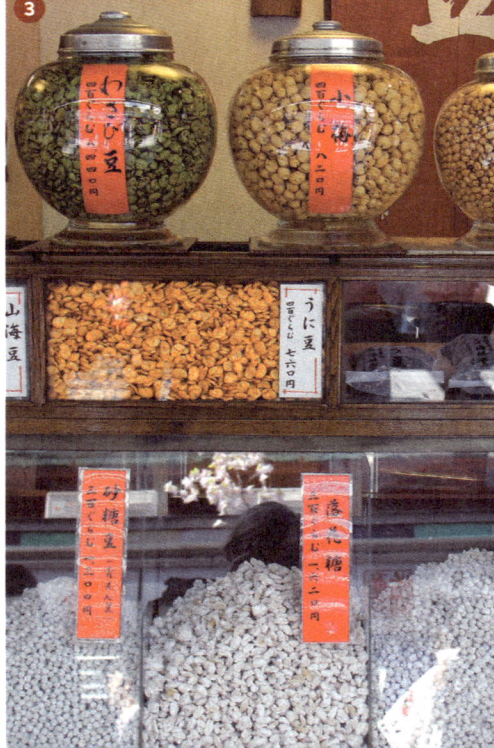

zur Linken das 2013 eröffnete **Kultur-Informationszentrum Asaku-sa ❷** ins Blickfeld – ein weiteres Werk von Kengo Kuma (s. S. 185, Akagi Jinja). Sein Besuch macht aus vielen Gründen Sinn: Hier gibt es Stadtführer und Karten, außerdem freies Wi-Fi und saubere Toiletten, und sogar der Blick aus dem achten Stockwerk ist herausragend.

Wenn Sie wirklich alle Touristenklischees erfüllen wollen – und seien wir ehrlich, Sie werden sich in guter Gesellschaft befinden –, dann steht jetzt eine Foto-Session an: In dieser Gegend warten jede Menge Rikschas mit gut aussehenden Fahrern, manch einer spricht sogar Englisch. Vor dem **Kaminarimon Gate ❶** halten immer genügend Vehikel.

Schieben Sie sich mit der selfie-stick-wedelnden Menge durch das Tor und die **Nakamise-Passage ❸** – eine Fußgängerzone, die zu beiden Seiten von Ständen gesäumt ist und sich bis in die Haupthalle des Tempels **Sensoo-ji ❿** erstreckt.

Japanische Süßwaren und *senbei* (Reiscracker), Souvenirs, Postkarten, Kimonos und *yukatas* (Sommerkimonos), traditionelle Masken, Einkaufstaschen, Fächer und viele lustige japanische Neuheiten schaffen ein Paradies fürs ausgiebige Souvenir-Shopping. Auf dem Weg finden sich auch ein paar Lücken zur Flucht in eine Seitenstraße, falls der Massenandrang überhand nimmt.

In den Abzweigungen fällt auf, dass die Türen und Markisen aller Läden hinter der Nakamise den gleichen rostroten Farbton haben. Direkt gegenüber gibt es noch mehr Shops, die mehrheitlich Artikel für die japanische Kultur- und Festtagsausstattung wie Haarspangen und -kämme, adrette Clutches, zum Kimono passende Seidenschühchen und vieles mehr anpreisen.

Entlang der Wege tun sich immer wieder kleine Arkaden und Gassen auf, in denen, Sie können es sich schon denken, noch viel mehr Gelegenheiten warten, Geld auszugeben oder Essen zu fassen.

Einige der Arkaden sind besonders unelegant, aber Schätze verbergen sie dennoch. Ich habe ein paar Lieblingsshops auf der Ostseite der Nakamise, zu denen ich immer wieder zurückkehre. Am einfachsten gelangen Sie dorthin, wenn Sie an der zweiten Passage in der Nakamise nach rechts in die überdachte Arkade biegen.

Auf der rechten Seite präsentiert **Kanzashiya Wargo ❹** moderne Haar-Accessoires aus traditionellen japanischen Materialien, im Rückgriff auf authentische Stile. Gleich nebenan backen im **Kuriko-an ❺** die berühmten *taikyaki* – Pfannkuchen in Form eines Fischs, die mit süßen roten Bohnen und Pudding gefüllt sind. Kurz danach

folgt **Kineya** ❻, ein beliebter Laden für *senbei* (Reisecracker), nur falls Sie ein paar Snacks für eine private Sake-Party auf dem Hotelzimmer brauchen.

Über die nächste Gasse links gelangen Sie zu **Kiryudo** ❼ mit seinen reizenden Kimono-Accessoires wie den wundervollen Seidenkrawatten und Klammern für den *obi* (breiter Kimono-Gürtel), zu Taschen, Portemonnaies und vielem mehr. Besonders interessant sind die dargebotenen Reste und Verschnitte, eine tolle Gelegenheit für günstige, einzigartige und dekorative Geschenke. Ein paar Türen weiter auf der gleichen Seite hat **Haneda** ❽ seinen Sitz. Dem Eigentümer gehört auch das Kiryudo, aber das Angebot hier geht in eine andere Richtung: Eklektisch, lustig und stilvoll steht hier jede Menge *zakka* (gemischtes Allerlei-Dekor) zum Verkauf, inklusive Hängeelementen und extravagant verpackten Toilettenpapierrollen.

Der Weg zur **Nakamise** ❸ führt zur eigentlichen Strecke zurück, am besten eine Route abseits vom dicksten Trubel wählen! Sie

werden durch ein anderes großes Tor, das Laternen schmücken, eintreten, das **Hozomon Gate** ❾, und von dort zum Haupttrakt des **Sensoo-ji-Tempels** ❿ gelangen. Dieser Teil wurde im Zweiten Weltkrieg zerstört und dann wieder aufgebaut. Vor der Halle steht eine große Urne aus Bronze, dort stellen die Menschen Räucherstäbchen auf, beten und halten schmerzende Glieder in die heilenden Rauchfahnen.

Sogar Männer mit blanker Glatze reiben ihre Schädel mit dem Rauch ein, in der Hoffnung auf neues Haarwachstum. Für alle, die die Neugierde packt: Die Stäbchen können an ein paar nahe gelegenen Ständen gekauft werden. Es lohnt sich, das Tempelgelände mit ein wenig Zeit zu erkunden, nach Buddhas gigantischen Strohsandalen Ausschau zu halten, auf Statuen zu achten, die tiefe Ruhe ausstrahlen, und auf Stände, die *ema* (Votivtafeln) und *omukuji* (Glückstafeln) feilbieten. Die gilt es dann im Schrein aufzuhängen, auf dass Ihre Gebete erhört und Ihre Wünsche erfüllt werden.

In der Ferne, in Richtung Osten, sticht ein weißlicher Turm aus der Skyline – präziser gesagt, in der Farbe eines »sehr blassen Indigo«, wenn er die Farbe des Himmels reflektiert. Das ist der **Tokyo Skytree** ⓫. Der 643 Meter hohe Fernsehturm verfügt über zwei Aussichtsplattformen mit wunderbarem Blick über die Mega-Stadt und über einige Stockwerke mit modernen, beliebten Läden und Restaurants, von denen einige ihre Speisekarten auch auf Englisch übersetzt haben. Ein edler Shopping-Stopp für alles und jeden. Wer mit Kindern reist, macht beim Aquarium Halt, im Planetarium und vor dem niedlichen Laden, in dem der TV-Sender NHK Animationsfiguren seiner Serien verkauft. Der Oshiage-Bahnhof liegt im Untergeschoss des Turms, nur eine kurze Bahnfahrt von **Asakusa Station** 🚇 entfernt. Wenn Sie ein paar Tage in Tokio verbringen und schlechtes Wetter Ihre Outdoor-Pläne durchkreuzt, dann kann man hier gut und gerne ein paar Stunden verbringen.

Der Baumstumpf hat die Kriegsbomben überlebt, niedergebrannt bis auf den Boden erinnert er die Einheimischen an die Gräuel des Zweiten Weltkriegs.

Auf der Ostseite im Haupttrakt des Tempels befindet sich eine kleinere Halle mit dem **Asakusa-Schrein** ⓬. Es mag anfangs ein wenig verwirrend wirken, dass ein Shinto-Schrein in einem buddhistischen Tempel steht, aber das ist ganz normal, denn die Japaner folgen ihrer heimischen Shinto-Religion, haben aber auch den Buddhismus angenommen -- oder zumindest respektieren sie die Rituale und Feierlichkeiten beider Glaubensrichtungen. Der Schrein wurde im Jahr 1649 erbaut und zählt zu den wenigen Gebäuden, die die Bomben des Zweiten Weltkriegs überstanden haben.

Vor dem Schrein wurzelt ein Baumstumpf mit einer weitgehend unbekannten Geschichte. Er hat die Bomben überlebt, niedergebrannt bis auf den Boden erinnert er die Einheimischen an die Kriegsgräuel. Die meisten Touristen, die den fröhlichen **Sensooji-Tempel** ⓾ besuchen, haben keine Ahnung von der ernsten Vergangenheit dieses Ortes. Früher war das Viertel auch ein *shitamachi* (so die direkte Übersetzung von »downtown«), ein armes Viertel, in dem die einfachen Leute hausten, Rotlichtbezirk inklusive.

Erst als ein alter Freund mir vor Kurzem mehr von dieser Gegend erzählte – seine Familie lebt hier seit Generationen –, verstand ich, weshalb eine solch intensive Energie zu spüren ist. Sie wirkt fast greifbar, wenn man Augen und Ohren schließt. Auch wenn es heißt, dass die Einheimischen ihre Privatsphäre sorgsam schützen und in ihrer konservativen Art Touristen nicht so aufgeschlossen gegenüberstehen – ich habe das Gefühl, so etwas Ähnlichem wie Angst zu begegnen. Das scheint gut verständlich: Die Gegend zehrt von ihrer langen und komplexen Vergangenheit.

Links außerhalb des Tores steht ein Gebäude, das das **AMUSE-Museum** 🄌 und seinen erstklassigen Shop mit japanischer Handwerkskunst beheimatet. Das Museum zeigt eine Reihe von Ausstellungen, mal traditionelle, mal zeitgenössische Sammlungen, und es beherbergt eine Werkstatt, die vor Publikum *ukiyo-e*-Drucke herstellt. Ich war begeistert, als ich das erste Mal Gelegenheit hatte, eine sehr gute und äußerst informative Ausstellung von *boro*-Textilien in den Museumsräumen zu besuchen.

Boro ist ein Folklorestoff, in den sich einst Bauern, Handwerker und Farmer kleideten. Naturgefärbte Stoffreste, hauptsächlich indigoblau, werden im Sinne der strengen *mottainai*-Kultur (»keine

Verschwendung«) zusammengenäht, um aus ihnen Kleidung, Läufer, Bettlaken und selbst Windeln herzustellen. Ein Museumsextra ist der Galerie-Markt, wo junge Künstler und Handwerker ihre Werke ausstellen und verkaufen. Einen echten Geheimtipp möchte ich noch anschließen: Die **Bar Six** ⓮ im sechsten Stock bietet einen grandiosen Ausblick, sie öffnet aber erst am Abend.

Von der Ecke der Hauptstraße biegt die Route nach links, ein paar Läden weiter kommt **Marble** ⓯, ein Shop, den es tatsächlich schon seit 90 Jahren gibt, mit handgemachten Bürsten: für Haare, Nägel, Farbanstriche und Make-up, zum Rasieren, Duschen und Abrubbeln, einfach die ganze Palette. Auch um den gröberen Dreck kümmert sich Marble: mit Besen in verschiedenen Längen für unterschiedliche Einsätze und mit Staubwedeln aus Straußenfedern.

Sie kehren zum Haupttrakt des **Sensoo-ji** ⓾ zurück – der Tempel sollte jetzt rechts liegen – und biegen am nächsten Gebäude rechts um die Ecke. Jetzt stehen Sie vor der Westwand des Schreins, wo sich junge Damen in Kimonos vor den riesigen zinnoberroten Türen fotografieren lassen. Sollte man sie sich auch als dekorativen Vordergrund wünschen, gebietet es die Höflichkeit, vorher um Erlaubnis zu fragen.

Direkt gegenüber erstreckt sich ein einfacher Park mit einem Koi-Teich und einem Brückchen – gehen Sie darüber. Auf der rechten Seite erscheint nun ein bescheidener Tempel, auf der linken ein kleiner Schrein.

Kurz danach gelangen Sie durch ein Tor in eine Straße mit sehr touristischen Shops. Vorbei an **Hanayashiki** ⑯, einem berühmten alten Vergnügungspark, führt die Route bis zum Eingang einer angejahrten *shotengai* (Einkaufsarkade), die Artikel für den Alltag bereithält.

Hinter dem Nordeingang liegt ein Abschnitt, der selten von Ausländern aufgesucht wird. Bei genügend Zeit und Lust bietet sich hier und auf der anderen Seite der Kototoi Dori die Chance, mit den Einheimischen durch die Läden zu schlendern. An der Ecke der vierten querenden Straße verdient **Asakusa Dougin Douki** ⑰ Beachtung. Von der dritten Generation geführt, gibt es hier handgetriebene Artikeln aus Kupfer und Silber: Teekannen, Sake-Wärmer, Pfannen und *nabe* für Eintöpfe. Am liebsten betrachte ich in diesem Quartier die Menschen um mich herum, sie geben mir das Gefühl, mich in einer lang vergangenen Zeit zu bewegen. Sollte Sie der Hunger überkommen, schafft **Carbo** ⑱ Abhilfe, ein Pasta-Lokal, das sich auf köstliche japanisierte Nudelgerichte spezialisiert hat. Gezahlt wird, wie in den *ramen*-Shops, an einem Automat, Ihr Mittagessen und ein Glas Wein – beides für unter 1000 Yen – stehen auf dem Tisch, kaum dass Sie sich hingesetzt haben. Ein ungewöhnlicher Laden für eine traditionelle Gegend, aber das lustige Konzept sorgt für eine willkommene Abwechslung.

Am liebsten betrachte ich in diesem Quartier die Menschen um mich herum, sie geben mir das Gefühl, mich in einer lang vergangenen Zeit zu bewegen.

Bei Appetit auf süße oder salzige Backwaren empfiehlt sich der Abstecher zur **Sekine-Bäckerei** ⑲, einer altmodischen japanisch-deutschen Bäckerei in der gleichen Straße, neben dem reizenden Café Danke. Oder schauen Sie sich zumindest durch das Schaufenster die Wecken mit ihren super süßen Gesichtern an!

¥18360.

円型 ¥10500
￥13650

17

18

22

Gut 150 Meter östlich der *shotengai* befindet sich **Meugaya** ❷⓿.
Gegründet im 19. Jahrhundert, verkauft es Kleidung für Festlich-
keiten, wie *tabi* (Socken mit abgeteiltem großen Zeh) und
die niedlichsten Kimonos für Kinder, die man je gesehen hat.

Zurück zum Nordeingang der Arkaden und ein 400-Me-
ter-Sprung nach Westen, dann ist **Kappabashi** ❷❶ erreicht.
Wenn Sie an der richtigen Stelle stehen, dann schaut jetzt ein
grün-gelber, mystischer, echsenartiger Vogel, das »Kappa-Gesicht«,
von einem Schild auf Sie herab.

Kappabashi nimmt über einen Kilometer eines langen Boulevards
ein und wird gesäumt von Großhandelsgeschäften für Restaurants,
inklusive ihres Gerätebedarfs, die aber auch an Privatkunden verkaufen. Dieser wohlbekannte Straßenabschnitt, 1912 von ein paar Händ-
lern aus dem Boden gestampft, lässt die Herzen von Hobbyköchen
höher schlagen. Hier gibt es die besten Chefmesser, industriellen
Küchengeräte und das ansprechendste Tischgeschirr, aber auch ein

24

ganzes Sortiment an billigen japanischen Keramik- und Lackwaren. Für Lackschüsseln und -tabletts gehe ich zu **Nishiyama's** 22, für die weltbesten Messer zu **Kamata** 23. Nur zur Erinnerung: Die japanische Post arbeitet sehr effizient, schnell und preiswert – kaufen Sie nach Herzenslust ein, schicken die Ware nach Hause und umgehen Gepäckprobleme beim Heimflug.

Auch Menschen, die sich nicht fürs Kochen oder für Geschirr interessieren, werden von den Läden fasziniert sein, die sich darauf spezialisiert haben, Gerichte in sehr realistischen Imitationen darzustellen, die dann üblicherweise als anschauliches »Menü« in den Auslagen der japanischen Restaurants stehen. Man kann der Versuchung kaum widerstehen, ein solches »Gericht« mit nach Hause zu nehmen, um vor seinen Freunden damit anzugeben. Die echten Stücke sind wirklich teuer, aber wir sind in Japan, und es gibt von allem eine kleinere Geschenkversion, wie zum Beispiel Sushi in Originalgröße als Kühlschrankmagnet oder eine Speckscheibe als Buchmerker. **Maizuru** 24 vertreibt qualitativ hochwertige Wachs-Mahlzeiten-Modelle.

Diese Straße zieht sich sehr lang hin, und falls es nicht gerade darum geht, die ganze Küche neu einzurichten, bietet es sich an, in eine

der Straßen nach links einzubiegen; alle nach links laufenden Sträßchen auf der östlichen Seite führen zum **Sensoo-ji** ❿ zurück, vorbei an einer Reihe von Souvenirshops – manche von ihnen sind recht interessant. Auf der sogenannten Orange Street lohnt es sich, nach Handwerksläden Ausschau zu halten. **Asakusa Maekawa Tsurushi Shuto** ㉕ konzentriert sich auf Brieftaschen, Taschen und Accessoires, hergestellt aus echtem Hirschleder (*tsurushi shuto*), bedruckt mit überlieferten Mustern in feinstem japanischen Lack.

Aber Vorsicht: Die Stadt ist voll von billigen Imitationen – echtes Handwerk erkennen auch Laien am Preis. **Asakusa Mori Gin** ㉖ hat sich auf traditionelle Silberschmiedearbeiten spezialisiert: Schmuck mit *netsuke* (Figürchen), Sake-Tässchen, Gürtelschnallen, Essstäbchen und vieles mehr.

Beim näheren Hinschauen auf der **Kappabashi** ㉑ fallen einige gigantische Küchenartikel auf den Hausdächern ins Auge: ein Schneebesen, ein riesiges Messer und der »Kappa«, das Maskottchen der Straße. Das Ende des interessanten Straßenabschnitts kündigt ein gigantischer Kopf auf dem Niimi-Gebäude auf der Asakusa Dori an.

Dort geht es nach links in die Asakusa Dori, vorbei an Tawaramachi Station und dann die nächste Straße links, gleich nach dem Postgebäude, in die Kokusai Dori. Falls ein Hungergefühl aufkommt – Asakusa rühmt sich seiner vielen unterschiedlichen und größtenteils hervorragenden Tempura-Restaurants. Ein erstklassiges, nicht allzu teures, zwangloses Tempura-Lokal findet sich genau dort, wo Sie vermutlich in diesem Moment stehen. **Tempura Takenawa** ㉗, gleich neben dem Ausgang 3 des Bahnhofs Tawaramachi, serviert feinste Meeresfrüchte und frisches Gemüse im dezent gewürzten, super knusprigen Teig, himmlisch! Der Auftakt könnte eine exzellente *sashimi*-Platte sein, der perfekte *chawan mushi* (gedämpfter, würziger Pudding) ein wunderbares Ende der Speisenfolge.

Nun laufen Sie entlang von vier Häuserblocks in nördliche Richtung und biegen dann nach rechts in die Kaminarimon Dori; jetzt sind es nur ein paar Minuten bis zur Vorderseite des **Kaminarimon Gate** ❶, wo der Erkundungstag begonnen hat.

O hne Weiteres lässt sich ein zweiter Tag damit verbringen, durch die Gassen zwischen den Hauptarterien, den Einkaufsarkaden, zu wandern. Eine gute Idee wäre auch, dem nahen Kuramae (s. S. 218) einen Besuch abzustatten – eine Gegend, die sich dank ihrer Design-Artikel, schicken Gebrauchswaren und der frischen Mode im Aufschwung befindet und nur wenige Minuten vom Herzen Asakusas entfernt liegt.

Wem es hier gefällt, der kann sich in **The Gate Hotel by Hulic** ㉘ (s. S. 271) einquartieren. Die großartige Lage ermöglicht es dem Gast, die Tempelanlage auch am Abend zu genießen, wenn es ruhig und stimmungsvoll wird unter den Laternen und angestrahlten Pagoden. Das Zinnoberrot der Beleuchtung erzeugt ein Gefühl von Wärme – besonders angenehm in kalten Nächten –, und der frühe Morgen ist ohnehin die friedvollste Zeit für einen Tempelbesuch. ●

KURAMAE, OKACHIMACHI, AKIHABARA & KANDA-OCHANOMIZU

Kuramae, Okachimachi, Akihabara & Kanda-Ochanomizu

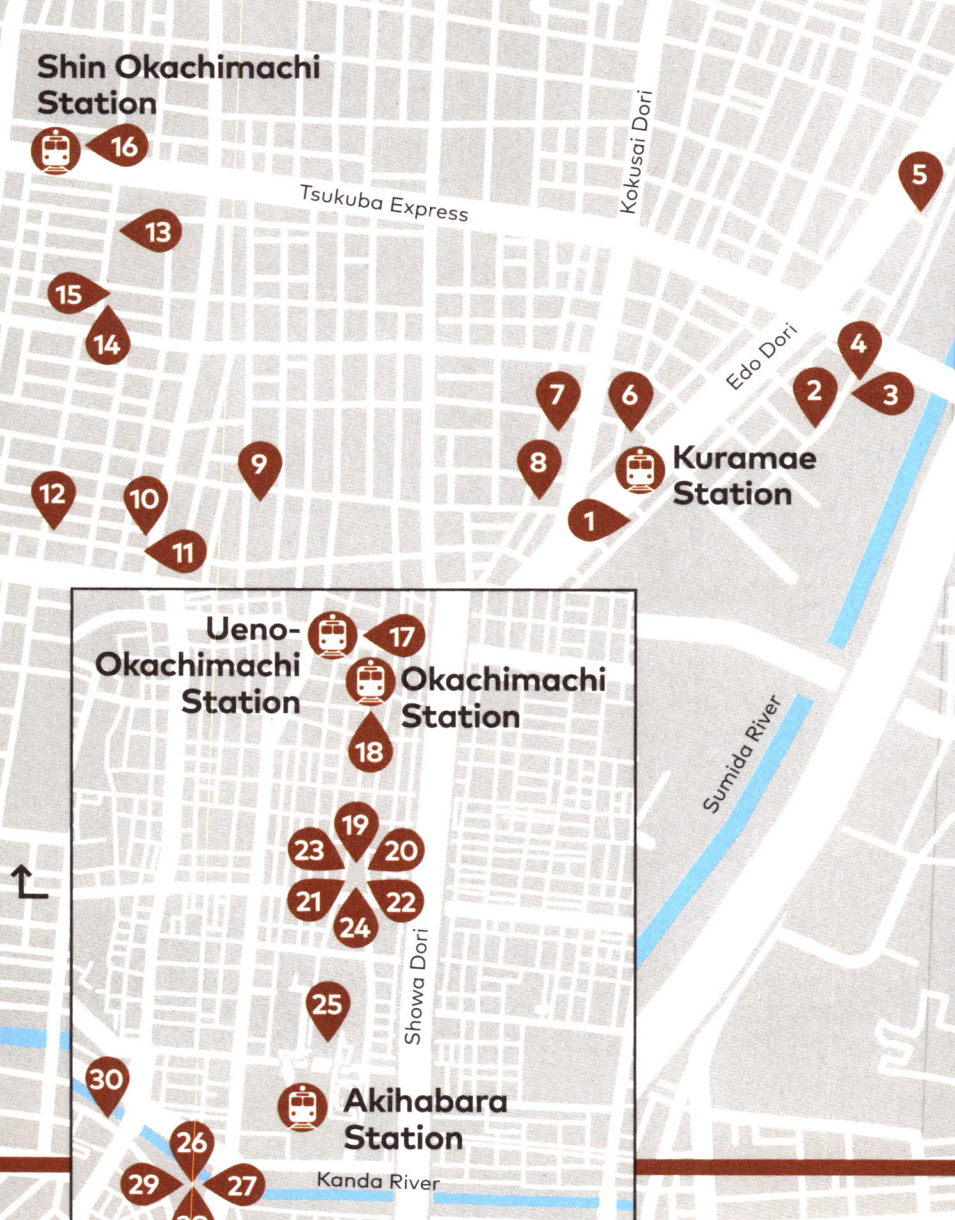

N

Shin Okachimachi Station

Tsukuba Express

Kokusai Dori

Edo Dori

Kuramae Station

Sumida River

Ueno-Okachimachi Station

Okachimachi Station

Showa Dori

Akihabara Station

Kanda River

LEGENDE

1 Koncent
2 Nui
3 Cielo y Rio
4 New Old Stock by Otogi
5 In-Kyo
6 M+
7 Maito
8 REN
9 CC4441
10 SYO-RO
11 Okazu Yokocho
12 Tsubamekobo
13 Taito Designer Village
14 BRASS
15 Carmine
16 Shin Okachimachi Station
17 Ueno-Okachimachi Station
18 Okachimachi Station
19 2k540 Aki-Oka Artisan
20 The Nippon Department Store
21 Hacoa
22 Studio Uamou
23 Nakazawa
24 Tokyo Noble
25 Chabara
26 Maach e cute
27 The Hitachino Brewing Lab
28 N331
29 Fukumori
30 Ochanomizu Brick Mall

Die Zusammenstellung von Stadtteilen mit derart kompliziert klingenden Namen scheint auf den ersten Blick das Tagesprogramm übermäßig zu strapazieren; die wichtigsten Punkte der miteinander verbundenen Quartiere sind jedoch gut zu schaffen.

Kuramae, nur eine Station südlich von Asakusa Station, gilt als eine sehr charmante Ecke Tokios und präsentiert sich höchst lebendig: Auf kreativen Ladenflächen haben sich aufstrebende Designer und Handwerker eingenistet.

Nur einen Steinwurf entfernt liegt Okachimachi, die friedlichen Straßenzüge zwischen den beiden Vierteln überraschen den Stadtspaziergänger mit urigen und vergnüglichen Szenen.

Ästhetisch veranlagte Menschen werden sich an der Architektur und am dörflichen Ambiente der Lebensmittelstände entlang der Okazu Yokocho ergötzen. Eine Warnung im Voraus: Sie werden Taschen voller Waren der Marke »wie konnte ich jemals ohne dich leben« herausschleppen!

Frische Konzepte kombiniert mit höchster Handwerkskunst erzeugen extrem begehrte Artikel. Im Sinne von New Yorks Wortschöpfungen SoHo und Tribeca, wird die Gegend hier liebevoll Kachikura genannt.

In der Nähe der Station Shin Okachimachi liegt die Heimat des Taito Designer Villages, das für die wachsende Zahl toller Shops in dieser Gegend verantwortlich ist.

Südlich von Okachimachi und südwestlich von Kuramae hat sich ein neues

Designer-Viertel etabliert, das ganz bescheiden Aki-Oka (Akihabara / Okachimachi) heißt. Der Besuch gilt als ein Muss, bevor Sie sich ins neon-strahlende Akihabara vorwagen – eigentlich eine Gegend, die in diesem Führer gar nicht erwähnt werden sollte, weil sie als Spielhölle der Nerds (*otaku*) berühmt-berüchtigt ist. Wie auch immer, auf dem Weg nach Kanda-Ochanomizu gehört es zum Pflicht-programm, dieses vibrierende Viertel zu durchkreuzen, wo sich nun auch der großartige, neue Lebensmittelladen Chabara (Ochanomizu / Akihabara) niedergelassen hat. Dann erreichen Sie Maach e cute, das eine stillgelegte Bahnstation zwischen den Stationen Kanda und Ochano-mizu mit neuem Leben erfüllt.

Diese aufstrebenden Bezirke setzen zwei Schwerpunk-te: einerseits explizites »Design & Details«-Shopping und andererseits eine Restaurantszene, die sich mit dem Begriff »Tokioter Untergrund« charakterisieren ließe – oder besser gesagt »Unter den Schienen«, so sehr, dass die Lokale beinahe Gefahr laufen, im Verborgenen zu bleiben. Das Beste in Japan findet man immer im Halbschatten. Wer einen Sinn für das Außergwöhnliche hat, wird sich in diesen Teil Tokios verlieben.

JANES RUNDGANG

Die Route verläuft über eine weite Strecke, Fahrten mit der Metro oder dem Taxi tragen durchaus zur Schonung wert-voller Energie bei. Der Weg ist jedoch gut an einem Tag zu schaffen, und er endet, egal in welcher Richtung, mit einer Empfeh-lung fürs Abendessen.

Sie verlassen **Kuramae Station** ⊖ durch den Ostausgang und überqueren Edo Dori in Richtung des Sumida-Flusses. Bald rückt die Kuramae-Filiale von **Koncent** ❶, einem modernen Designer-Laden mit Schreibwaren, ins Blickfeld. Manche Artikel fallen in die Kategorie »nur doof, aber einfach lustig«, aber jedes einzelne Stück wird auf die eine oder andere Art das Büro oder das Zuhause aufmotzen.

Sie verlassen den Laden nach rechts, laufen die Edo Dori hinauf und biegen in die dritte Straße auf der rechten Seite. Der Weg führt für ein paar Minuten in die Richtung des Flusses, bevor er an der dritten Straße nach rechts abzweigt. Wer bereits am Ufer steht, ist zu weit gegangen.

Jetzt erscheint auf der linken Seite **Nui ➋**, eine beliebte Back-packer-Herberge und Bar. Das Ambiente gibt sich boho und höchst entspannt.

Diagonal gegenüber fällt das farbenfrohe Café **Cielo y Rio ➌** am Flussufer auf – ein gemütlicher Ort für einen morgendlichen Koffein-Stopp mit Kuchen oder für ein frühes Mittagessen. Hier sollten Sie erstmal innehalten und einen Plan schmieden, wie sich die Gegend strategisch aufrollen lässt, weil sie sich über eine größere Fläche erstreckt als die anderen Quartiere. (Wenn Sie die Route in der Gegenrichtung laufen, dann empfehle ich das Lokal auch für ein Abendessen, natürlich nicht ohne einen Aperitif bei **Nui ➋**.)

Ein guter Anfang der Tagesetappe führt zum Eingang des **New Old Stock by Otogi ➍** von Otogi Designs, ein winziger Laden, angefüllt

mit Antiquitäten und Accessoires, in dem man fast die Luft anhalten muss, um zwischen den vollbepackten Regalen durchzupassen. Mit viel Geduld gesucht, treten hier hübscher Firlefanz und wahre Schätze zutage, zu denen sich eine eigene Kollektion an bunten, weichen Freizeitschuhen gesellt.

Ein weiterer kreativer Laden, der nur über eine wackelige Treppe zu erreichen ist, bietet regelmäßig Workshops für handgemachte Deko-Artikel für Haus und Garten an.

Wer es wohlbehalten über die klapprigen Stiegen hinunter geschafft hat, läuft bis zum **In-Kyo** ❺, einem kleinen Shop mit traditionell inspirierten Haushalts- und Lifestyle-Artikeln, hauptsächlich Küchengeschirr, Töpfen und ein paar Büchern. Der Service ist ein wenig nüchtern, aber zum Sortiment gehören ein paar elegante Artikel, die durchaus einen Blick lohnen; zudem kennzeichnet den Laden ein gutes Ambiente.

Von In-Kyo geht es weiter 350 Meter in westliche Richtung zur breiten Kokusai Dori, wo man sich rechts halten muss, um nach Süden zu gelangen. Sieben Seitenstraßen weiter biegen Sie nach links ab, nur falls Sie eine Schwäche für wunderschöne Brieftaschen, Umhängebeutel, Ränzchen, Koffer und diverse andere Artikel haben, die mit Naturprodukten in erdigen Tönen eingefärbt wurden. Die Kollektion im **M+ ❻** hat auf den ersten Blick einen männlichen Touch, funktioniert aber letztendlich unisex.

Zurück auf der Kokusai Dori überqueren Sie die Straße, um ein paar Schritte nach Süden **Maito ❼** zu finden, das ökologisch gefärbtes Garn und wundervolle Strickwaren verkauft. Maito veranstaltet auch Workshops rund ums Färben mit Pflanzen. Zwei Straßen südlich des Ladens rechts ab liegt der Taschenexperte **REN ❽** zur Rechten.

Dort gibt es butterweiche, strapazierfähige Ledertaschen, Portemonnaies, Kartenhalter und Tablet-Hüllen. Bevorzugt aus Schweine-, Kuh- oder Ziegenleder hergestellt und in einer reichen Palette von Naturtönen gefärbt, bezaubern die Produkte vermutlich jeden. Auch die indigoblauen Segeltuchtaschen und weichen Wollbeutel sind einzigartig – ich hätte gerne je ein Exemplar von allen! Abwechselnd im M+ und im REN könnte ich mich gut und gerne für die kommenden Jahrzehnte ausstatten.

Sein Innenleben kann getrost als Wunderland für *monozukuri*, Kreatives und Handgemachtes aus ganz Japan, bezeichnet werden.

Weiter die Straße hinunter, links vorbei an **CC4441 ❾**, eine kleine Galerie aus Schiffscontainern, führt die Route an der nächsten Ampel links. Nach ein paar Häuserblocks taucht mein Lieblings-Shop in dieser Gegend auf der rechten Seite auf: **SYU-RO ❿**. Sein Innenleben kann getrost als Wunderland für *monozukuri*, Kreatives und Handgemachtes aus ganz Japan, bezeichnet werden. Hier stehen Teedosen aus papierdünnem Kupfer, Messing und Weißblech (sie können zur Aufbewahrung von allerhand Kleinzeug dienen), Indigo-Säckchen, Überwürfe aus Okinawa, Seife und Stoffe, Notizbücher aus Zwiebelschalen-Papier, Holzkisten, die sich seidenweich anfühlen. Der Laden öffnet erst mittags um 12.00 Uhr.

Sie verlassen den Laden – unvermeidbar mit Geschenken für sich selbst beladen –, gehen weiter bis zur nächsten Ecke und biegen

8

10

dann nach rechts ein; unter dem Schild, das den Eingang zur **Okazu Yokocho** ⑪ (Beilagen-Gasse) markiert, hindurch. Diese Gasse entstand in den 1950er-Jahren, und einst drängten sich hier, wie der Name schon sagt, Läden aneinander, die Beilagen, wie *tsukudani* (Algen, Fisch und getrocknetes Gemüse in süßer Sojasoße eingelegt), gegrillten Fisch und Gemüse, gedämpft oder in Essig eingelegt, feilboten. Die Einheimischen deckten hier ihren täglichen Bedarf an *miso*- oder *soba*-Nudeln. Die Lädchen erleichterten den geschäftigen Hausfrauen in der Meiji-Zeit (1868–1912) das Leben, als mit Beginn des industriellen Zeitalters in Japan oft beide Partner zur Arbeit gingen und sich die Frauen für ein wenig Unterstützung beim Kochen dankbar schätzten. Man könnte die Geschäfte als Vorläufer von *Convenience Stores* betrachten – nur, dass die Fertiggerichte damals gesünder und die Zutaten von besserer Qualität waren.

Noch heute mischen sich hier viele rustikale Stände mit moderneren Läden, die ein buntes Sortiment an Waren verkaufen, von frischem Gemüse bis Sushi, außerdem einfache Keramik, japanischen Tee und *wagashi* (Süßwaren), gegrilltes Huhn und Aal, Kaschmirschals und aufwendig handgewebten Schmuck. Die Atmosphäre ist grandios, besonders am Samstag, wenn sich auch noch mobile Stände mit Kunsthandwerk dazwischenschieben.

Die meisten Läden haben sonntags geschlossen. Erkunden Sie die ganze Länge der Straße, genießen Sie die tolle Stimmung und die fotogenen Szenen in den Sträßchen, die senkrecht und parallel zur Yokocho verlaufen! Für den Anfang hier ein paar bemerkenswerte Locations:

Zuerst **Tsubamekobo** ⑫, eine wahre Wundertüte, betrieben von einem freundlichen Ehepaar. Kyoko Takahashi ist eine Textilkünstlerin, die die schönsten und feinsten handgewebten Schals und andere Accessoires aus Naturfasern, wie Kaschmir und Leinen, herstellt. Zu ihren genialen Kreationen gehören die Seeanemonen-Broschen und Ohrringe aus Fadengespinsten.

Wenn ein Markt im **Taito Designers Village** ⑬ staffindet, dann lohnt es sich, dafür einen Abstecher zur alten, aufgelassenen Volksschule zu machen, deren günstig vermietete Fläche ganz neue Mieter angezogen hat. Das Projekt sollte junge, aufstrebende Designer für Mode (und ihr weiteres Umfeld)

unterstützen. Wenn ein potentiell berühmter Mieter seine Waren auf dem Markt zur Schau stellt, eventuell um auszumisten, dann lassen sich hier fantastische Schnäppchen finden – Kleidung, Schmuck und Staffage. Um dorthin zu gelangen, muss man das **Tsubamekobo** ⓬ passieren und unter einem Metallbogen hindurchgehen.

Von dort aus weiter nach rechts bis zum Ende der Straße, dann wieder um 90 Grad nach rechts wenden und gleich wieder links: Wenig später erscheinen ein paar tolle, kleine *zakkas* mit ihren bunt gemischten, lustigen Designer-Stücken namens **BRASS** ⓮ und **Carmine** ⓯, das mit originellen, origami-inspirierten Portemonnaies überrascht. Vom Eingang des Carmine aus führt der Rundgang geradeaus nach Norden, zur Rechten erscheint das **Taito Designers Village** ⓭.

Von hier peilen Sie die Haupstraße, den Tsukuba Expressway, an, biegen links ab und gelangen unmittelbar zur **Shin Okachimachi Station** ⓰. Mit der Oedo-Linie geht es zur nächsten Haltestelle, **Ueno-Okachimachi** ⓱, von hier erreicht man **Okachimachi Station** ⓲ in drei Minuten. Das klingt nach ganz schön viel Okachimachi! Die Straßen auf beiden Seiten der Schienen führen nach 400 Metern in südlicher Richtung zu **2k540 Aki-Oka Artisan** ⓳ – ein erstaunlich stilvolles und cooles Shopping-Revier, erneut »unter den Schienen«, gespickt mit den Produkten junger, interessanter Designer.

Wenn Sie sich die Metro-Fahrt nicht zutrauen, bringt Sie auch ein Taxi zur Aki-Oka-Adresse. Manchmal hilft es den Taxifahrern, die Telefonnummern anzugeben, weil sie mit dieser die Location meist einfacher herausfinden als mit niedergeschriebenen Anschriften. Wenn der Fahrer dennoch verwirrt scheint, reicht der Hinweis »Okachimachi eki« (Station). Das Einkaufsrevier erkennen Sie an seiner Struktur: weiße Schiffscontainer, die nicht sofort erahnen lassen, dass sich dahinter eine echt coole Shopping-Meile verbirgt.

Wer das **Taito Designers Village** ⓭ auslassen und direkt vom **Tsubamekobo** ⓬ zum **2k540 Aki-Oka Artisan** ⓳ wechseln möchte, läuft einfach 100 Meter westlich zum Ende der Gasse Okazu Yokocho und biegt nach links in die Kiyosou Bashi Dori in Richtung Hauptstraße, Kuramae-hashi Dori. Von hier geht's nach rechts (Richtung Westen) und 600 Meter die Straße herunter – einfach dem Expressway folgen, und schon liegt das Aki-Oka auf der rechten Seite. Ich empfehle, die Strecke im Taxi zurückzulegen, weil von hier aus noch lange Fußstrecken und viele Shopping-Meilen anstehen.

Im Aki-Oka-Raum selbst fühle ich mich wie in einem lang gezogenen Schlafzimmer eines Designer-Internats, allerdings mit offenen

Türen. Wenn Sie ein interessantes Stück entdecken, dann stecken
Sie Ihre Nase in den Laden – zweifelsohne bescheren Ihnen all die
hochwertigen Shops eine wunderbare Zeit.

Der **The Nippon Department Store** 🔴 hat es verdient, ein wenig
hervorgehoben zu werden: Diesen Laden mit seinen Schätzen an
traditionell inspirierten Designerstücken möchte man am liebsten
leerkaufen mit seinen bezaubernden Kissen, Puppen und Handgefertigtem aus dem ganzen Land.

Hacoa 🔴 hat sich auf allerhand Hübsches aus Holz spezialisiert:
Schreibwaren, Tastaturen, Smartphone-Halter und weich polierte
Broschen und Uhren – alle auf Hokkaido, im Norden Japans,
hergestellt.

Ein echtes Unikat stellt auch **Studio Uamou** 🔴 dar, so heißt die
Galerie der Künstlerin Ayako Takagi. Sie formt kleine Charakter-
figuren aus Vinyl – Uamo, Boo und Bastard. Ihrem Bruder gehört die
lässige Café-Bar daneben.

Nakazawa ㉓ gefällt Taschen-Aficionados, solange sie sich geschmacksmäßig auch mal an vollkommen Neues wagen: Nakazawas skurrile Pinguin- oder Telefon-Taschen sind schlichtweg einzigartig.

Bei **Tokyo Noble** ㉔ geht es schon wieder gesitteter zu. Hier lassen sich Regenschirme in 77 verschiedenen Stoffen, alle mit UV-Filter, für eine Maßanfertigung in Auftrag geben – der Regenschirm mit Gemüse-Print ist mein Favorit. (Bitte beachten Sie, dass die meisten Läden am Mittwoch geschlossen sind!)

Vom Südostausgang sind es 400 Meter nach Süden in Richtung Akihabara Station. An der dritten Ampel kreuzt der Weg unter den Schienen nach rechts, dann biegen Sie gleich wieder nach rechts ein und stehen vor **Chabara** ㉕.

Hier siedelt sozusagen Verwandtschaft von **Aki-Oka** ⑲ – denn beides sind erfolgreiche Projekte der japanischen Eisenbahngesellschaft, mit dem Ziel, den Platz unter den Schienen optimal zu nutzen. Dieses Paradies für Genießer ist bis unters Dach mit regionalen Speziali-

täten und Gerichten aus ganz Japan, von seinen südlichen Stränden bis zur nördlichsten Spitze, gefüllt, unter anderem: Sake, Wein, Tee, Snacks und Eiscreme. Ein absolutes Muss für Liebhaber der japanischen Kochkultur.

Wählen Sie den Südwestausgang aus Chabara, biegen nach rechts in die Chuo Dori und gehen dann etwa 100 Meter weiter bis zur Kreuzung. Wenn es schon dämmert oder gar dunkel ist, dann sticht dem Nachtschwärmer im weiteren Straßenverlauf der Neon-Zirkus von Akihabara ins Auge – auf jeden Fall einen Abstecher wert, denn dieser Ort ist einzigartig auf der Welt.

Dieser Teil der Stadt kennt keine Gnade, wenn Sie also schon beim Gedanken an aggressive Konsumstimulation einen Schwächeanfall bekommen, wenn Ihnen Leuchtreklamen und fluoreszierende Szenarien sowieso auf die Nerven fallen, dann sollten Sie ihn so rasch wie möglich hinter sich lassen und die umherstehenden Kaffee-Verkäufer möglichst geschickt umschiffen.

26

¥37,800−

26

29

Der Rundgang geht weiter nach links, über die Straße und nach 300 Metern zur Brücke über den Kanda-Fluss. Auf der rechten Seite liegt **Maach e cute** 26 – ein großartiges, lichtes Shoppingcenter im stillgelegten Kanda-Manseibashi-Bahnhof mit Fokus auf japanischen Designerwaren.

Wenn Sie sich jetzt schon ausgedörrt fühlen, dann habe ich zwei vorzügliche Vorschläge: **The Hitachino Brewing Lab** 27 – einfach nach dem Eulen-Logo Ausschau halten – hat sich auf einheimische Boutique-Biere spezialisiert. Für alle »Trainspotting«-Fans oder Leute, die auch sonst ihre Abenteuer gern vom Sessel aus erleben, empfehle ich **N331** 28 im zweiten Stock, am gegenüberliegenden Ende des Gebäudes. Diese komplett verglaste Café-Bar steht mitten auf einem stillgelegten Bahnsteig zwischen zwei Bahngleisen, die ganz und gar nicht stillgelegt sind. Ein herrlicher Ort, um mit einem erfrischenden Drink in der Hand zu erleben, wie die Züge akustisch gedämpft vor-

beirauschen, während die Sonne hinter den Wolkenkratzern versinkt. Nach der Erfrischung bietet sich ein entspannter Spaziergang durchs Erdgeschoss an, wo auf einer kreativen, marktähnlichen Fläche reizvolle Waren darauf warten, von Ihnen nach Übersee entführt zu werden.

Praktischerweise kombiniert **Fukumori** 29 seinen Laden mit einem Café im japanisch-skandinavischen Stil mit hellen Hölzern und einer wunderbaren Aussicht über den Fluss – meine bevorzugte Art zu shoppen! Nun ist das Ende des Tages gekommen; auf der anderen Seite des Gebäudes, abgekehrt vom Fluss, reihen sich Bars und Restaurants aneinander. Wer noch Energie im Tank hat, kann sich bis zu den Essständen entlang der **Ochanomizu Brick Mall** 30 vorwagen, die natürlich auch »unter den Schienen« ihre Heimat gefunden hat. Dann schwingen Sie sich in ein Taxi in Richtung wohlverdienter Erholung. ●

STORE OLD YOSHIDAXX

YANESEN &
NIPPORI

Yanesen & Nippori

Nippori Station

Yanaka Cemetery

Kototoi Dori

10 **6** **5**
9 **8** **7** **4** **3** **2**
1
27
12
16 **13**
15
14
17
21 **20**
18
19
23
26
22
28
11
24 **25**

LEGENDE

1 Yanaka Senbei Shinsendo
2 Yanaka Ginza
3 Hankoya Shinimonogurui
4 Yakikarintou
5 Motherhouse
6 Niku no Suzuki
7 Atom Bakery
8 Kanekichien
9 Waguriya
10 Yanesen Centre
11 Nezu Jinja (Schrein)
12 Asakura Choso
13 Kaizoin
14 Choan-ji-Tempel
15 Kanoin
16 HAGISO
17 Isetatsu
18 Biscuit
19 Gate of Life
20 Antique Hatsune
21 Sankenma
22 Kamitonuno
23 Craft Studio Tokugen
24 Scai the Bathhouse
25 Anbau an das Shitamachi Museum
26 Chocolaterie Inamura
27 Nippori Senigai
28 Tokyo National Museum

Wer es bis hierher geschafft hat, ist durch die glänzende Patina Tokios in das Innerste der Stadt vorgedrungen. Der möchte, wenn er oder sie erstmal die Mystik und die Magie des »echten« Japan verspürt hat, immer noch mehr davon. In dieser historischen und gleichzeitig stilbewussten Schatzkammer der Stadt gibt es einfach unerschöpflich viel zu sehen und zu erleben.

Yanesen ist der Name für einen Bezirk, der drei *shitamachi*- oder *downtown*-Nachbarschaften umfasst: Yanaka, Nezu und Sendagi. Die Straßen sind mit traditionellen Häusern gesäumt, die sowohl das Große Kanto-Erdbeben von 1923 als auch den Zweiten Weltkrieg überlebt haben.

Der berühmte Friedhof Yanaka Reien eignet sich gut für schöne Spaziergänge unter *sakura*, den Kirschblüten.

Der Friedhof grenzt direkt an Ueno – ein erstaunlich geschäftiger Abschnitt des Quartiers. Yanaka jedoch hat sich die Atmosphäre eines ruhigen, abgelegenen Vororts bewahrt. Eine bedeutende Ansammlung – man spricht von mehr als 100 – alter buddhistischer Tempel schafft eine Ästhetik und Energie, die an die alte Hauptstadt Kyoto erinnern.

Die Action (und in der Stadt Tokio gibt es immer Action) konzentriert sich auf die Gegend rund um eine Einkaufszeile aus der Edo-Zeit (1603–1867) namens Yanaka Ginza. Es sind die Abzweigungen von dieser Lebensader, die den wahrhaft Neugierigen mit ihrer Schönheit locken und zu Spaziergängen voller Entdeckungen einladen. Die Vielzahl an Künstlern und Kreativen, die sich von dieser Gegend angezogen fühlen, und die zahlreichen Neueröffnungen von Geschäften, die die hinteren Straßen erobern, sind ein eindeutiger Beleg dafür, dass Inspiration und Innovation hier eine Heimat gefunden haben.

Die älteren Ladenbesitzer auf der Hauptstraße wirken ein wenig abweisend und können ganz entgegen ihrer Kultur schroff erscheinen, aber, ehrlich gesagt, das gehört zum Charme von Yanesen. Ihre Haltung ist auf den tiefen Respekt vor der Tradition zurückzuführen und auf den Wunsch, dem Fortschritt ein wenig Einhalt zu gebieten.

Das Leben in Nippori, im Norden von Yanesen, verläuft ein wenig geruhsamer, mit Ausnahme von einer Straße, der Senigai, frei übersetzt »die Stoff-Stadt«. Hier tummeln sich Scharen von feilschenden *obaachan* (Großmütter) und talentierten Handwerkern auf der Suche nach Schnäppchen, seien es Stoffe, Knöpfe, Bänder oder Fäden.

JANES RUNDGANG

Der anstehende Rundgang verläuft eher in Schlangenlinien, denn nur so lassen sich die Highlights abdecken. Yanaka ist Dreh- und Angelpunkt dieser Reise, die Nezu und Sendagi nur am Rande streift. Wenn mehr Zeit zur Verfügung steht, lohnt sich das Wiederkommen an einem anderen Tag, um weitere Bereiche zu erkunden.

Verlassen Sie den oberen Stock der **Nippori Station** 🚇 durch den Westausgang und gehen den leichten Anstieg hinauf. Nach ein paar Schritten befinden Sie sich an der Ecke des Friedhofs mit den Tempeln Tennoji (zur Linken) und Hongyotera (zur Rechten).

Hinter den Tempeln beginnt eine Zone mit alltäglichen Läden in ein wenig verwahrlosten, aber attraktiven Gebäuden.

Kurz danach, auf der linken Seite, taucht **Yanaka Senbei Shinsendo** ❶ auf, ein 1913 gegründeter Laden. Die Theke steht voll mit bauchigen Glasgefäßen, die mit leckeren, frisch gemachten

salzigen und süßen Reiscrackern gefüllt sind. Es macht Sinn, ein paar Päckchen mitzunehmen, der ideale Snack zum Drink auf dem Hotelzimmer. Sie können nicht behaupten, dass ich mich nicht um Ihr Wohlergehen kümmere!

Weiter geradeaus steht ein schmales Gebäude am Scheitelpunkt der abzweigenden Straße, biegen Sie hier links ein. An manchen Tagen sind in dieser Nachbarschaft nur eine Handvoll Stände aufgebaut, am Wochenende bummeln dagegen sehr viele Menschen durch diese Gegend, dann muss man sich energisch durch die Menge schieben, um an die Treppen zu gelangen, die nach **Yanaka Ginza** ❷ hinunterführen. Am Ende der Treppen markiert ein dreieckiges Tor den Eingang zur Shopping-Meile.

Auf beiden Seiten reihen sich Stände mit gemischten Waren – traditionelle, frische Gerichte, Tee und japanische Konfiserie, dazwischen drängen sich Läden mit praktischer, alltagstauglicher Mode und Accessoires. An ein paar Buden fallen die langen Warteschlangen auf, dort warten die Menschen auf *yakitori* oder *minchi katsu* (Hackfleischkroketten). Schließen Sie sich der Wahl der kulinarischen Insider an und gönnen Sie sich ein paar Happen – Sie werden es in mehrfacher Hinsicht genießen!

Die Mauern über den Läden schmücken moderne, schwarz-weiß gehaltene Holzschnitte mit Szenen aus der Nachbarschaft. Wenn Sie schon gerade dabei sind hinaufzuschauen, wird Ihnen die Vorliebe für Katzen in diesem Quartier auffallen, viele sitzen auf den Vordächern über den Markisen – ein Zeichen für die hohe Dichte an Streunerkatzen in dieser Tempel-Gegend. An sonnigen Tagen wärmen sie sich auf den Grabsteinen oder streichen um die Blumentöpfe.

Auch wenn mir der leicht frenetische, heitere Rhythmus und die generelle Lässigkeit dieser Meile gut gefallen, gibt es nur eine Handvoll Geschäfte, die ich empfehlen möchte, bevor wir in die interessanteren Teile Yanesens vordringen:

Hankoya Shinimonogurui ❸ wegen seiner berühmten, frechen *hanko* (persönliche Siegel-Stempel) – die populäre Kunst findet sich inzwischen auch auf tragbarer Ware.

Yakikarintou ❹ für knackige Süßigkeiten, die mit japanischem braun-schwarzen Zuckerguss überzogen sind – die *ume*-(Pflaume-) Version ist unwiderstehlich.

Motherhouse ❺ ist eine tolle Adresse für handgemachte Leder- und Jutetaschen und Accessoires, außerdem natürlich für gefärbte Wickeltücher aus nachhaltig hergestellten Stoffen.

Niku no Suzuki ❻ für *yoshoku* (westliches) Fingerfood, wie *korokke* (Kroketten) – probieren Sie die mit *kani-*(Krabben-)Creme und die berühmten *minchi katsu* (Rindfleisch und Kartoffeln).

Atom bakery ❼ für leckere japanische *oyatsu pan* (kleine Brötchen, entweder nur gewürzt oder mit allerlei herrlichen Füllungen), gebacken in einem Ofen aus Vulkangestein vom Berg Fuji. Der Laden ist nach der Comicfigur Atom oder »Astro Boy«, wie ihn vielleicht manche kennen, benannt und entsprechend eingerichtet. Das ist Tokio!

Kanekichien ❽ für hochwertigen japanischen Tee und artverwandtes Zubehör. Selbstverständlich brauchen Sie eine hübsche Teedose oder -kanne, die sich des feinen, aromatischen Chas würdig erweist, den Sie hier unvermeidlich kaufen werden.

Waguriya ❾ steht für eine traditionelle wie für die moderne Interpretation von Süßigkeiten, hergestellt aus hochwertigen Walnüssen. Zum Sortiment gehört natürlich auch der ewig beliebte »Mont Blanc«, eine Kreation aus gesüßtem Walnuss-Püree und Sahne.

Am Ende der Shotengai geht es nach rechts, ein paar Gebäude weiter wartet das **Yanesen Centre** ❿, die lokale Touristeninformation und das Kulturzentrum. Eine englische Karte hilft dabei, sich in dieser Gegend besser zu orientieren.

F alls der Zeitplan noch Luft lässt und Lust auf ein wenig Natur aufkommt, empfiehlt sich nach dem Kulturzentrum ein Abstecher nach links in die charmante Nachbarschaft – dort trifft man auf Fischverkäufer in bester Laune, und antike Kimono-Läden wechseln sich mit dem ein oder anderen Café ab. Nach 200 Metern erreicht man Sendagi Station, nach 600 Metern dann **Nezu Jinja** ⓫, einen von Japans ältesten Schreinen. Seine ausgedehnten Gärten sind berühmt für das Azaleen-Festival im Mai, und die fotogenen Tunnel aus zinnoberroten Toren, *torii*, kennt beinahe jeder als Postkartenmotiv. Es lohnt sich, ein Taxi hierher zu nehmen!

Wenn Sie mir immer noch folgen, dann gehen Sie jetzt auf dem Weg zurück nach **Yanaka Ginza** ❷, den Sie gekommen sind, und dort die Treppen wieder hinauf. Wo sich die Straßen teilen, nehmen

朝倉彫塑館

14

Sie die erste Abzweigung nach rechts. Hier fallen ältere Gebäude mit viel Charakter auf und ein paar kreative Häuser, die noch auf der Suche nach ihrem Stil und echter Substanz sind.

Einen Häuserblock weiter folgt das Skulpturenmuseum **Asakura Choso** 12 in einem gänzlich ungewöhnlichen, anthrazitfarbenen Gebäude, auf dessen Dach eine männliche Skulptur hockt und auf die Besucher herabblickt.

Das Gebäude diente als Wohnhaus und Studio für seinen Erbauer, den »Vater der modernen japanischen Skulpturenkunst«, Fumio Asakura (1883–1864). Sein Ruhm basiert vor allem auf Bronze-Arbeiten. Architekturstudenten lieben das Museum und kommen wegen des einzigartigen Designs hierher und weil Asakura Choso zwei Aspekte vereint: Einerseits scheint es seiner Zeit voraus zu sein, andererseits wirkt es unerschütterlich traditionell. Das Haus umgibt ein herrlicher

Garten, dessen Gestaltung den Zweck verfolgt, jede Jahreszeit in ihrer ganzen Schönheit zu feiern.

Nur wenige Meter weiter erhebt sich **Kaizoin** ⑬, einer von vielen Tempeln, die diesen Weg säumen; etliche wurden während der Edo-Zeit aus anderen Bezirken Tokios hierher verlegt, um sie vor den Feuern zu schützen, die allzu häufig in der überbevölkerten und rasch wachsenden Innenstadt ausbrachen. Dieser friedliche Ort eignet sich für eine Ruhepause, laden Sie Ihr Zen auf!

Dann geht es die nächste Straße rechts rein, dort steht der **Choan-ji-Tempel** ⑭ auf der linken Seite und eine Mauer aus Blausteinen, die aus dem 13. Jahrhundert stammt, auf der rechten.

Ursprünglich entstand die Mauer in dieser tempelreichen Gegend als eine Form des *stupa board* oder als letzte Ruhestätte für verstorbene Seelen. Wer ihrem Verlauf folgt, gelangt zu einem weiteren

17

Tempel auf der rechten Seite: **Kanoin** 🔟 erkennt man sofort an seinem dunkelroten Tor.

An der nächsten Ecke biegen Sie nach rechts, gehen bis zum Ende der Straße, nach links durch eine Gasse mit Wohnungen bis zur Kreuzung. Sie wenden sich nach rechts und sehen an der nächsten Kreuzung ein auffälliges, schwarzes Gebäude, **HAGISO** 🔟 – eine Ausstellungsfläche für einheimische Künstler mit einem gemütlichen Café –, der perfekte Ort für ein Mittagessen, wenn das Timing passt. Die kleine, aber feine Speisekarte bietet einfache, mit viel Liebe zubereitete, moderne *yoshoku* (japanisch-westliche Gerichte) und eine schöne Auswahl an heißen und kalten Getränken. Die hausgemachten Bio-Kuchen und die Glasgefäße mit in Alkohol eingelegten Früchten können dazu verleiten, sich länger in diesem Ambiente der Entspannung aufzuhalten und Körper und Geist eine Verschnaufpause zu gönnen.

Wenn Frischluftbedarf besteht, schafft der gegenüberliegende Park
Abhilfe, der auf den Ruinen des ehemaligen Hauses vom Künstler
und Philosophen Okakura Tenshin (1863–1913) entstand. Tenshin
gründete den Vorgänger der Kunsthochschule Tokio.

Etwa 200 Meter die Straße mit Wohnhäusern entlang, und man
gelangt wieder zur Hauptstraße, diese überqueren Sie und biegen
gleich nach rechts. Einen Häuserblock weiter erscheint **Isetatsu** ⑰,
das bereits 1864 gegründet wurde, auf der linken Seite. Für das
Geschäft mit seinen von Kimonomustern inspirierten *chiyogami*
lohnt sich der Umweg – dieses auffallende Papier, mit japanischem
Farbholzschnitt bedruckt, dient zur Dekoration, für Origami und die
Verschönerung von Büroartikeln.

Zwei Gebäude dahinter befindet sich das **Biscuit** ⑱, ein netter
Laden mit *zakka* (lustige, gemischte Artikel), wie zum Beispiel
Retro-Spielsachen, Knöpfe, farbige Bänder und Schreibwaren.

Etwa 300 Meter geht es vom Biscuit aus den Hügel hinauf, vorbei an zahlreichen kleinen Tempeln bis zu einer Ampelkreuzung. Biegen Sie danach gleich links ein, auf der rechten Seite öffnet sich **Gate of Life** ⓳.

Dieser flippige Laden voller Nippes verkauft nur eine Handvoll Retro-Artikel, so wunderschön, dass es jeder (imaginären) japanischen Großmutter die Tränen in die Augen treiben würde – gemischt mit vintageinspirierten, handgemachten Accessoires für Haus und Outfit.

Weiter hinter folgt dann **Antique Hatsune** ⓴, allerdings gut versteckt: Auf der rechten Seite verbirgt sich der kleine Zugang mit einem gekachelten Dach und einem Holztor, vor dem eine Topfpflanze auf den Pflastersteinen steht. Der umwerfende, wenn auch winzige Laden ist vollgepackt. Eine Sammlung antiker Puppen schaut auf Sake-Becher, Kimono-Schachteln, kleine Holzkistchen, Teekannen und Dekomaterial herunter. Man möchte diese Schatztruhe stundenlang durchkämmen und geht überaus vorsichtig hindurch, um bloß nichts kaputt zu machen.

Auf der gegenüberliegenden Straßenseite steht ein *machiya* (Stadtladen in einem traditionellen Holzhaus), in kräftigem Grün gestrichen. Das Erdgeschoss hat der Besitzer in einen Mehrzweckbereich für eine Gemeinschaft namens **Sankenma** ㉑ verwandelt; heute finden dort allerhand kreative Aktivitäten und Workshops statt, von *shakuhachi*-Flötenstunden bis zu Bastelkursen. Wer müßig durch die zwanglose Café/Bar/Ausstellungsräume/Shop-Komposition schlendert, bleibt vielleicht an einer interessanten Veranstaltung hängen.

Zurück an der Hauptstraße kreuzen Sie die Ampel und treffen zur Rechten auf **Kamitonuno** ㉒, einen hübschen Shop für Papier und Kleidung. Auf der linken Seite steht ein gelbliches Gebäude mit kunstvollem Eisenwerk vor den Fenstern – hier geht es entlang der Fenster und um das Gebäude herum, dann erhebt sich ein Apartmenthaus, das durch seine Höhe in diesem Quartier auffällt. Im Erdgeschoss logiert das **Craft Studio Tokugen** ㉓, eine Galerie mit exquisiten Seidenkleidern und Accessoires, die allesamt in Schattierungen von Japans berühmtem Naturindigo eingefärbt sind.

Weiter die Hauptstraße hinunter steht noch vor der nächsten Ampel ein *koban* (lokale Polizeistation) und das **Scai the Bathhouse** ㉔ auf der rechten Seite. Das ehemalige Badehaus wurde zu einer avantgardistischen Kunsthalle umfunktioniert, die sorgfältig ausgewählte, klug konzipierte und spannende Ausstellungen zeigt.

Es lohnt sich, einen Blick in das Badehaus zu werfen, auch wenn gerade keine Ausstellung stattfindet – allein, um die früheren Schließfächer zu betrachten.

Von hier aus bietet sich ein längerer Spaziergang zwischen noch mehr Tempeln und alter, gebrechlich wirkender, jedoch wunderschöner Architektur an; einfach die Straße entlangschlendern, die von Scai the Bathhouse in westliche Richtung führt. Allein das Gefühl, diesen alten, fast einsamen Teil der Stadt zu durchstreifen, hebt die Stimmung.

Der Rundgang setzt sich vom Badehaus und der Abzweigung an der Hauptstraße, der Kototoi Dori, fort. Kurz vor der Einmündung, auf der rechten Seite, liegen ein paar Shops, von denen einige auch vernünftigen Kaffee anbieten – sie kündigen sich mit berauschenden Aromen an. Apropos berauschend: Ein kleines Museum auf der rechten Seite – der **Anbau an das Shitamachi Museum** 🔟 – beherbergte zur Edo-Zeit einen Schnapsladen. Es ist winzig, der Eintritt kostenlos,

und die herrlichen alten Flaschen und Poster bieten einen reizenden Anblick.

Wenn Sie in nordwestlicher Richtung auf dieser Straße weitergehen, etwa 300 Meter nach dem Shitamachi-Anbau bis zur zweiten Ampel, stoßen Sie auf einen breiten Boulevard mit alten *sakura* (Kirschbäumen) auf der rechten Seite, die aus dem Gebüsch hervorwachsen. Ein Stückchen weiter, auf der linken Seite, lädt die beliebte Patisserie und Chocolaterie **Inamura** 26 zur Pause ein, natürlich nur für den Fall, dass der letzte Kaffee nicht den gewünschten Koffein-Kick bewirkte, der für das restliche Tagesprogramm und den Besuch der Stoff-Straße dringend benötigt wird.

Die Straße verläuft weiter bis zum Yanaka-Friedhof, der unter herrlichen Laubbäumen verborgen liegt. Nicht jeder mag die Atmosphäre eines Friedhofs, aber allen stillen Genießern bietet die Ruhestätte des letzten Shoguns Tokugawa Yoshinobu einen gewissen Freiraum, bevor es geschäftig weitergeht, einem der Hinweisschilder zur **Nippori**

Station ⊖ folgend. Wer die Nippori-Stoff-Stadt besuchen möchte, sucht den Ostausgang und biegt hier gleich rechts ab.

Der Zugang zur wichtigsten Straße des Stoffviertels befindet sich hinter dem riesigen New Tokyo Pachinko Salon, überqueren Sie sie auf dem Fußgängerüberweg – wenn Sie jetzt vor dem Bäckerei-Café Ginza Cozy Corner stehen, stimmt die Richtung.

Die Straße, die linksseitig am Café vorbei zu einer Ampel führt, bringt Besucher zum Anfang der **Nippori Senigai** (Stoff-Straße) ㉗ – Flaggen und weitere Hinweisschilder entlang des Wegs weisen zusätzlich auf das Viertel hin.

Hier reiht sich ein Laden an den anderen, jeder hat seinen eigenen Stil, und es gilt den aufzuspüren, der einen persönlich am meisten anspricht – hier wird die gesamte Palette von ordinär bis elegant abgedeckt. Ich könnte nicht behaupten, dass ich mit Nadel und Faden umgehen kann, aber die Vielfalt der Stoffe, die mit stilisierten, traditionellen japanischen Mustern bedruckt sind, faszinieren mich unendlich – außerdem eignen sie sich hervorragend als Tischdecken,

die zu Hause sicherlich Aufmerksamkeit erregen werden; zu absolut sagenhaft günstigen Preisen.

Der Großteil der Waren befindet sich auf den ersten 500 Metern – am Edwin-Gebäude angelangt, liegen alle interessanten Läden bereits hinter einem. Auf dem Weg zurück zur Metrostation können Sie die gegenüberliegende Straßenseite noch näher inspizieren. Wenn Sie ausgiebig eingekauft haben, dann nehmen Sie besser ein Taxi für den Weg zurück.

Für den Fall, dass der Besuch von Yanesen Ihr Interesse an überlieferter japanischer Kunst ausgelöst hat: Das **Tokyo National Museum** ❷⑧ liegt nur einen Katzensprung entfernt von hier, im benachbarten Ueno. Das beinahe abstoßend hässliche Gebäude im Ueno-Park ist beiderlei, Lagerraum und Ausstellungsfläche für Japans feinste Kunstschätze und Antiquitäten, inklusive bedeutender archäologischer Funde – außerdem präsentiert es eine eindrucksvolle Kollektion aus anderen Teilen Asiens. ●

SCHLAFEN, ESSEN, TRINKEN & VERGNÜGEN

UNTERKÜNFTE

HOTELS

Nachfolgend empfehle ich ein paar hervorragende Hotels mit ganz individuellem Charakter in verschiedenen Stadtteilen:

❶ Tokyo Station Hotel, Maranouchi

thetokyostationhotel.jp/

Dieses erstklassige Hotel hat seinen Sitz im prächtigen Hauptbahnhofsgebäude, einem roten Ziegelbau im Neorenaissancestil. Im Jahr 2015 feierte es seinen hundertsten Geburtstag, und bis heute übertrifft es die Erwartungen der Gäste. Seine Lage ist wohl die beste in ganz Tokio, seine ereignisreiche Vergangenheit geradezu spürbar – und das Personal erzählt die alten Geschichten immer wieder gern. Die wunderschön eingerichteten Zimmer wurden vor Kurzem im Stil der Meiji-Zeit (1868–1912) renoviert. Falls Sie Ihr Zimmer (und die Kosten) für ein paar Tage mit jemandem teilen können, dann gönnen Sie sich die doppelgeschossige Maisonette für das echte Prinz- und Prinzessinnen-Feeling! Im eindrucksvollen Frühstücksraum, untergebracht im »Atrium« im Obergeschoss und nur den Hausgästen zugänglich, wird das beste Frühstücksbüfet im ganzen Land serviert. Menschen mit einem Hang zur Romantik kommen an diesem Hotel nicht vorbei, außerdem werden sie den tadellosen und freundlichen Service genießen, wie man ihn von den Eigentümern der japanischen Eisenbahnen erwarten darf.

❷ Claska, Meguro

Claska.com/en/hotel

Das Claska Hotel ist der ewige Geheimtipp unter Kreativen und ideal für Gäste, die ihre Ruhezeiten gern in einem weniger geschäftigen Stadtteil verbringen wollen. Die Zimmer haben lokale Künstler in unterschiedlichen Stilrichtungen gestaltet, ein paar Räume sind sogar Unikate. Die Zimmerpreise variieren stark, je nach Kategorie, und bieten jedem die Chance, hier zu logieren, vom Eventmogul bis zum Werbefuzzi. Wer länger bleibt, kann die vorteilhaften Wochenpreise nutzen; von dieser Kategorie gibt es aber nur ein paar Zimmer, deshalb sollten sie lang im Voraus reserviert werden. Auch wenn das Hotel teilweise ein wenig müde wirkt, die Zimmer sind für Tokioter Verhältnisse groß und die Betten breit und bequem. Räume im

japanischen Stil – allerdings eine eher kontemporäre Interpretation der Tradition – werden Ästheten und Zen-Freunden gefallen. Foyer, Restaurant und Bar laden zum Entspannen ein; oder Sie nehmen einen Sundowner auf der Dachterrasse, von wo der Blick bis zum Fuji reicht. Auch wenn Sie sich hier nicht einquartieren, sollten Sie dem hoteleigenen Laden Do (s. S. 117) mit seinem einzigartigen Sortiment an Design-Artikeln einen Besuch abstatten.

❸ Park Hyatt Tokyo, Shinjuku

Tokyo.park.hyatt.com/en/hotel/home.html
Ein Aufenthalt im Park Hyatt verspricht das wohl vollkommenste Hotel-Erlebnis in Tokio. Der Service ist mustergültig, und die Liebe zum Detail beeindruckt auch verwöhnte Gäste. *Omotenashi* lautet das Wort für unübertreffliche Dienstleistung, und bald schon werden Sie feststellen, dass dieses Prinzip hier tief verwurzelt ist. *Omotenashi* zieht sich wie ein roter Faden durch das bezaubernd bescheidene und völlig unterschätzte Hotel. Vom ersten Durchschreiten der Eingangstür bis zur Abreise werden Sie sich wie eine Königin fühlen, das gilt auch für die Könige unter uns. Die Zimmer mit ihren palastartigen Marmorbädern erscheinen weitläufig und nur mit den feinsten

Stücken versehen. Die Betten sind größer als mein ganzes Apartment, und die Ausstattung der Zimmer ist so sorgfältig gewählt, wie
man es selten in einem Hotel findet. Selbst die Minibar glänzt mit
einer Auswahl an edlen Getränken.

Die Übernachtung ist zwar teuer, aber beinahe ein Muss, selbst
wenn Sie sich nur eine einzige Nacht in Ihrem Leben hier leisten –
das gilt vor allem für die Fans des Films »Lost in Translation – Zwischen den Welten«. Ich habe den Film etwa 25-mal gesehen und
muss mich selbst zwicken, wenn ich in der glamourösen New York
Bar im 52. Stock mit einem Dirty Martini in der Hand dem Livejazz
lausche – und mir immer wieder vorstelle, wie Bill oder Scarlett
gleich fragen werden, ob sie von meinen Nüssen naschen dürfen.
Wenn Sie schon mal hier sind, dann gönnen Sie sich ein Dinner im
romantischen New York Grill – falls Sie allein reisen, wird das Personal dafür sorgen, dass Sie sich auch solo wohlfühlen. Einwandfrei!

❹ The Gate Hotel by Hulic, Asakusa
Gate-hotel.jp/
Dieses preiswerte, moderne Hotel liegt *downtown* inmitten einer
sehr stimmungsvollen Gegend von Asakusa, schräg gegenüber

vom berühmten Kaminarimon Gate (s. S. 198), dem Eingang zum berühmten Sensooji-Tempel und weiteren Sehenswürdigkeiten. Die Standardzimmer sind recht kompakt, aber bequem und wurden ganz offensichtlich von einem Fan der 1980er-Jahre eingerichtet.

Die Entfernung zum Stadtzentrum spielt eigentlich keine Rolle, weil die Bahnstation direkt vor der Tür liegt und die Züge Sie rasch in fast alle Stadtteile bringen. Rezeption, Restaurant und Bar sind im oberen Teil des Hotels untergebracht und bieten einen weiten Blick auf die Umgebung; jedes Mal, wenn ich hier heraufkomme, überfällt mich das pure Glück: Die Terrasse der Bar eignet sich vortrefflich für einen Cocktail, in einer klaren Nacht erstrecken sich die Lichter der Stadt bis zum Horizont – exklusiv für Hotelgäste.

❺ Hotel Metropolitan, Ikebukuro

Metropolitan.jp/

Obwohl es nicht im Epizentrum Tokios liegt, bietet das lebendige Viertel Ikebukuro eine hervorragende Ausgangsposition für den Besuch der interessanteren Außenbezirke, wie Kichijoji und Koenji (s. S. 130). Das Hotel Metropolitan ist riesig und eher traditionell ausgestattet, es bildet einen wohltuenden Gegenpol zu den neuen, schicken und teuren Unterkünften Tokios. Ideal für eine Gruppe von Freunden oder Familien, sauber und bequem gestaltet, mit einer guten Auswahl an Bars und Restaurants – alles, was zu einem tollen Urlaub gehört, liegt in allernächster Nähe. Große Einkaufszentren und Vergnügungsviertel umgeben das Hotel; Ikebukuro Station befindet sich gleich gegenüber. Die Bar im 25. Stockwerk serviert Drinks und Snacks mit Blick auf den Fuji. Testen Sie das spezielle kulinarische Erlebnis im Hanamusashi Shunka Restaurant: Die Gerichte werden mit dem passenden Sake gereicht. Während des Essens erklärt das hilfsbereite Personal die Nuancen jeden Sakes, eine hervorragende Gelegenheit, mehr über das Nationalgetränk zu lernen.

❻ The Strings by Intercontinental, Shinagawa

Intercontinental-strings.jp/

Nur ein paar Minuten zu Fuß von der quirligen Shinagawa Station entfernt, auf einem leicht zu findenden, überdachten Fußgängerweg zu erreichen: Dieses stilvolle Hotel belegt die Stockwerke 26–32 eines eleganten Büroturms. In ganz Tokio gibt es nur zwei Stationen des Hochgeschwindigkeitzugs Shinkansen: Shinagawa und Tokio-Hauptbahnhof. Falls Sie also vorhaben, weiter nach Kyoto oder in andere Städte zu reisen, liegt dieses Hotel (wie das Tokyo Station Hotel, s. S. 268) ideal. Das Navigieren in der klug entworfenen, neuen Shinagawa Station ist einfacher als an Tokyo Station – und weniger hektisch, weil der Bahnhof ein wenig abseits des Trubels der Stadt errichtet wurde. Wenn Gäste Zeit mitbringen und Tokio ein wenig langsamer entdecken wollen, dann ist dieses Hotel eine sehr gute Option.

Denn: Verstehen Sie mich nicht falsch, hier gibt es immer noch etwa eine Million Dinge zu tun und zu sehen, und eigentlich liegt das Stadtzentrum ganz nah. Um den Bahnhof und seine nähere Umgebung verteilen sich eine ganze Menge Restaurants und Läden. Die Zimmer sind bequem und farblich in wohltuenden Naturtönen gehalten, ein Großteil bietet einen weiten Blick über die Stadt. Die offene Empfangshalle und das Restaurant empfinden einen Zen-Garten nach, mit einem seichten Teich in der Mitte und einer Brücke zu Restaurant und Bar. Sensible Naturen spüren die beruhigende, positive Energie.

❼ Granbell Hotels x 3
Granbellhotel.jp/en/

Die Granbell-Gruppe besitzt drei Hotels in Tokio, die alle direkt an Knotenpunkten des Vergnügungs- und Nachtlebens und in der Nähe von wichtigen Stationen liegen: Shibuya, Shinjuku und Akasaka. Sie alle gelten als Design- oder Art-Hotels, und in jedem lassen sich inspirierende Ausstattungsaspekte finden. Ein Teil der Zimmer ist jedoch einfacher und weniger schick als der andere, und das schlägt sich im Preis nieder; also am besten die Zimmerkategorien auf der Webseite vor der Buchung genau checken! Jedes Hotel hat seinen eigenen Charakter, aber kompakte, saubere, funktionelle Zimmer mit bequemen, etwas harten Betten und liebenswürdiges Personal, das leider nicht sehr viel Englisch spricht, kennzeichnen alle Häuser. Obwohl die jeweilige Nachbarschaft eher laut ist, wegen des Verkehrs und hochfrequentierter Läden, Bars und Restaurants, sind die Zimmer ruhig – bei geschlossenem Fenster. Einige Zimmer im Shibuya Granbell wirken recht abgewohnt, also fragen Sie nach einem renovierten Raum. Außerdem wäre zu erwähnen, dass das Personal des Shibuya Granbell zwar nett, aber ziemlich relaxt wirkt; das können Sie nun positiv oder negativ sehen. Die Granbell-Hotels bieten ein tolles Preis-Leistungs-Verhältnis in einer Stadt, die für sehr teure Hotels mit winzigen Zimmern berühmt-berüchtigt ist!

HOTEL-ALTERNATIVEN

Ryokan (traditionelle Gästehäuser)
The Ryokan Collection

Ryokancollection.com/eng/

Auch wenn normalerweise nur der Name Kyoto im Zusammenhang mit hochwertigen *ryokan*, den tradionellen Gästehäusern, fällt, können auch Tokio und nahe gelegene Dörfer mit ein paar Optionen aufwarten. Edle *ryokans* sind teuer, aber oftmals schließt der Preis ein erweitertes Frühstück und ein japanisches Dinner im *kaiseki*-Stil ein – achten Sie darauf.

Für viele Japanreisende ist ein Aufenthalt von ein oder zwei Nächten in einem exklusiven *ryokan* ein Highlight ihrer Tour: freuen Sie sich (sofern vorhanden) auf *onsen*, das Bad in Thermalquellen, auf das Schlafen in Futonbetten auf dem *tatami*-Boden und abends auf die wunderschön präsentierten, wohlschmeckenden Gerichte, die von einer anmutigen Gastgeberin im Kimono auf dem Zimmer serviert werden.

Es gibt auch preiswertere Optionen mit weniger eleganten Abendessen und Zimmern, die einen längeren Aufenthalt erlauben. Noch so
ein Erlebnis, das man sich einmal im Leben gönnen sollte.

Vertrauen Sie bei der Wahl des *ryokan* dem Rat eines Freundes oder
Bekannten, ein *ryokan* zu empfehlen, ist eine recht persönliche und
emotionale Angelegenheit, anders als Hoteltipps. Sollten Sie keine
Ratschläge aus Ihrem Bekanntenkreis bekommen, dann erhalten Sie
von der Japan Hotel and Ryokan Association eine Liste mit hochwertigen Häusern oder wenden Sie sich an die Ryokan Collection,
wenn Sie nach einem luxuriösen *ryokan* suchen.

Japan Hotel and Ryokan Association
Ryokan.or.jp/lang/de

Apartments
Tokyustay.co.jp/e/
Die Hotels der Tokyu-Stay-Gruppe bieten Apartments mit größeren
Zimmern als normale Hotels an, außerdem verfügen alle über eine
kleine Küche und Waschmaschinen. Tokyu Stay betreibt 15 Häuser
quer über die Stadt verteilt, alle sind sauber und gut in Schuss. Jedes
Zimmer verfügt über einen Schreibtisch in einer vernünftigen Größe,
freies Wi-Fi und hilfsbereites, effizientes Personal an der Rezeption.
Die Hotels sind eine gute Wahl für Geschäftsreisende und diejenigen,
die gern länger bleiben wollen.

Airbnb
Airbnb.com
Der zuletzt stark gewachsene Tourismus hat Airbnb in Japan einen
wahren Aufschwung beschert; das Angebot ist beliebt und erschwinglich, die Zimmer fallen meist größer aus als im Hotel. Zudem ist es
natürlich verlockend, die einheimische Szene besser kennenzulernen,
wo das Leben meist entspannter verläuft als in der City. Lesen Sie
auch zwischen den Zeilen von Online-Bewertungen und berücksichti-
gen Sie die Nähe zu öffentlichen Transportmitteln und der Infrastruktur wie Supermärkten und Apotheken. Ich bevorzuge einen Ort mit
ein paar lokalen Cafés und kleinen Restaurants. Ein persönlicher Rat:
Wenn ich allein reise, übernachte ich lieber im Hotel, dort gibt es
Notfall- und Evakuierungspläne für Erdbeben und Feuer, falls diese
Themen Sie nervös machen. Ich würde mir die Airbnb-Option für
eine Reise in Begleitung aufheben.

RESTAURANTS

Auf meinen Rundgängen habe ich viele gute, zwanglose Speiselokale vorgestellt, hier geht es nun um die Favoriten unter den gehobenen Restaurants – schmeißen Sie sich für einen Abend in diesen Etablissements ruhig in Schale!

❶ Shirosaka, Akasaka
Tabelog.com/en/tokyo/A1308/A130801/13175754/
Die augezeichneten Menüs im Kappo-Stil, die unter der Glastheke des Restaurants Shirosaka ausgestellt sind, beweisen die Kreativität von Chef Li, dessen frisch-faszinierender Kochstil gleichzeitig tief in der Tradition verwurzelt ist. Der Chef wirkt einerseits hochprofessionell, andererseits entspannt und freundlich; außerdem spricht er gut Englisch und erklärt seinen Kunden gern jedes der exzellenten Gerichte. Das Personal bereitet den Gästen einen herzlichen Empfang und bietet tadellosen Service. Dem Shirosaka gelingt es, Ausländern einen Zugang zu japanischem Essen zu verschaffen, der ihnen sonst verwehrt geblieben wäre – weil es nur 15 Sitzplätze gibt, sollten Sie besser noch heute reservieren! Faire Preise.

❷ Two Rooms, Aoyama
Tworooms.jp/en/
Der hochgeschätzte australische Chef de cuisine Mathew Crabbe sorgt dafür, dass die »American Grill«-Einflüsse auf die Menüs bis zur Perfektion stimmen, von den Krabbenkuchen bis zum Brathühnchen und dem gegrillten japanischen Schwein. Einfache Gerichte, aber sehr gut zubereitet mit einem Hauch traditioneller japanischer Aromen, öffnen auch weniger erfahrenen Gourmets den Zugang zu lokalen Geschmacksvarianten und Zutaten. Die Terrasse mit ihrem Manhattan-ähnlichen Ausblick über Tokio lädt zum Schlürfen leckerer *shiso*-Mojitos ein! Die hier servierte Version der Maronencreme »Mont Blanc« ist erstklassig – das Dessert, gern in seiner einfachsten Form, genießt in ganz Japan Kultstatus.

❸ Jimbocho Den, Jimbocho
http://www.jimbochoden.com/en/about.html
Das Den verspricht die wohl interessanteste und vergnüglichste kulinarische Erfahrung in ganz Tokio. An dem Restaurant des jungen, kecken Chefs Zaiyu Hasegawa fasziniert vor allem, dass jedem

Gericht eine Magie innewohnt, die man nur einem viel älteren, erfahrenen und seriös ausgebildeten Chef zugetraut hätte. Hasegawa-san
scheint mit einem tiefen, beinahe schon spirituellen Verständnis für
die authentische japanische Küche auf die Welt gekommen zu sein –
dank seines jugendlichen Sinns für Humor und seiner kulinarischen
Interpretationen führt er sie nun in eine neue Dimension.

Der Service ist herzlich und lässig – aber tadellos. Durch das
gedämpfte Gemurmel, wie man es von japanischen Restaurants auf
diesem Niveau kennt, dringen auch schon mal Gelächter und gele-
gentliche Ausbrüche des Lobes. All diese scheinbar widersprüchlichen
Facetten gipfeln bei Jimbocho Den in einem herrlichen Essens-Erleb-
nis – Sie denken schon während des Dinners ans Wiederkommen.
Die beiden Spezialitäten des Hauses lassen erraten, was sonst noch
auf der Karte steht: eine *monaka*-Vorspeise – in der Regel Reiswaffeln
mit süßer Azukibohnenpaste bestrichen, wird hier mit einer Füllung
aus Paté, Kakipflaume und geräuchertem, eingelegtem *daikon* veredelt; das Chicken mit *shiso* und Sesam gefüllt, dazu *umeboshi*-Reis,
der in einer Take-away-Box serviert wird. Schon beim Gedanken läuft
einem das Wasser im Munde zusammen, gehen Sie hin! Mit Englisch
kommt man durch.

❹ Yakitori Seo, Maranouchi

Thetokyostationhotel.jp/restaurants-bars/japanese.htm
Die meisten Hotelrestaurants lassen mich total kalt, aber das Yakitori
Seo, im Untergeschoss des wunderschönen Tokyo Station Hotels,
sticht hervor – trotz und wegen seiner eleganten Umgebung. Perfekt
gegrilltes Hühnchen, und zwar alle Teile davon: in fettig-köstlicher
oder mager-geschmackvoller Form können sie auf einem Spieß oder
als ganzes Gericht bestellt werden; serviert mit Hühnchen-*sashimi*,
Essiggemüse, gegrillten Reisbällchen und einer herzhaften Brühe.
Der Service ist freundlich, und Sie werden sich sicherlich wohler
fühlen als an einer *yakitori*-Bude. Hier wird niemand böse ange-
schaut, der lediglich Hühnerbrüste oder -beine essen mag. Vegetarier
werden die herrlichen Spießchen mit Gemüse der Saison lieben!
Die Speisekarte gibt es auch in Englisch.

❺ Takazawa, Akasaka

http://www.takazawa-y.co.jp/en/
Dieses winzige Edellokal versteckt sich hinter einer ruhigen Tür vor
dem manchmal etwas lauten Restaurant- und Bar-Viertel und wird

von einem eleganten Paar betrieben. Sie würden es niemals zufällig finden! Ich fühle mich sehr privilegiert, dass ich hier in den letzten zehn Jahren ein paarmal essen und beobachten durfte, wie höchst kreative und technisch perfekt erstellte Speisen das Restaurant von einer ersten Blüte zum Boom führten. Wie im traditionellen *kaiseki*-Mahl jeder Gang eine Ode an die Jahreszeit oder an ein bestimmtes Fest ist, so hat jedes moderne Gericht im Takazawa seine eigene Geschichte.

Diese wird in perfektem Englisch erzählt, sie veredelt die gelungene Optik der Speisen und deren Spiel zwischen Aroma und Konsistenz. Heutzutage ist es schwierig, eine Reservierung zu ergattern, also am besten weit im Voraus buchen. Starten Sie mit einem Drink an der neuen Bar, gleich um die Ecke – dort werden auch legendäre »Snacks« aus dem Restaurant angeboten, also wenn Sie nur Zeit oder Budget für eine Kleinigkeit haben, dann ist die Bar Ihre Chance, vom Takazawa-Erlebnis zu kosten.

❻ Narisawa, Aoyama
http://www.narisawa-yoshihiro.com/
Eines von Tokios international bekannten, zeitgemäßen Restaurants inszeniert Abendessen, die an die Vorstellung in einem großartigen, topmodernen Theater erinnern. Genießer sollten etwa vier Stunden für das extravagante Mahl einplanen, laufen aber Gefahr, dass das

Übermaß an Schönheit, Drama und Flair alle Energien für weitere Erkundungen raubt.

Der große Raum ist einfach gehalten, mit freiem Blick in die Küche, sodass die Gäste dem Chefkoch Narisawa beim Zaubern zusehen können; vom ersten Moment an werden Sie das Verwöhn-aroma einatmen und bis zum Schluss erfüllt sein von spannender Erwartung. Vom Brot, das in einem Steingefäß neben dem Tisch backt und aufgeht, bis zum kleinen Sortiment an höchst seltenen Sake-Sorten und einer unfassbar guten Auswahl an französischen Weinen reichen hier die Überraschungen. Ein Auszug aus dem Menü gefällig? Krait-Schlangen-Suppe aus Okinawa (die Schlange wird auf Wunsch vorher präsentiert), Hummerschwanz in Blütenblättern oder Tintenfisch mit Asche-Dressing; zum Schluss rollt ein doppelstöcki-ger Servierwagen mit Petits Fours an. Das Gebäck wird vor einem Wäldchen als Hintergrund präsentiert, sodass es aussieht, als wäre es genau dort gewachsen – in Narisawas Zauberkiste wird es nie lang-weilig (und ja, Sie bekommen das Dessert serviert, noch bevor der Servierwagen auf Tour geht!). Ein »Only in Japan«-Erlebnis.

❼ Tempura Motoyoshi

Motoyoshi-1120.com/category01/index02.html

Eine zenartige Tempura-Erfahrung: Sie sitzen an der Theke, und die Gerichte aus feinsten Zutaten werden vor Ihren Augen zubereitet.

Auf die Grundlage wird höchster Wert gelegt. Der Teig (fragil bis zur Perfektion, sodass er kein Tröpfchen Öl aufsaugt) rückt in den Hintergrund, und genau das hebt ihn heraus. Jeder Tempura-Chef hat ein eigenes Rezept für seinen Teig. Eigentlich mag ich den robusten, geschmackvollen Teig lieber, so wie ihn Tempura-Lokale wie Tempura Takenawa (s. S. 216) zubereiten, aber dieser hier ist ganz anders. Erwarten Sie eine ruhige japanische Essenserfahrung! Sie beginnt mit einem *sashimi*, gefolgt von saisonalem Gemüse. Das Öl wird ständig ausgetauscht, auch wenn weniger als zehn Gäste versammelt sind. Traditionell endet die Folge mit Reis, Essiggemüse und Suppe, nur wird der Reis in Form einer *donburi* (Reisschüssel) serviert, garniert mit *kakiage* der Saison (Tempura-Fritten) und eingedickter *dashi*-Soße; das Essiggemüse ist Ingwer – in bisher ungekannter Form. Man fühlt sich, als ob einen der reizende, bescheidene Chef und sein Personal in die Motoyoshi-Familie aufgenommen hätten – auch wenn diese nur wenig Englisch spricht.

❽ Alchemiste, Shirogane

Alchimiste.jp/#chef

Nach Erfahrungen in Frankreichs hochgeschätzten und ultra-modernen Restaurants servieren der ruhige, wenn auch ein wenig skurrile Chef Yamamoto und sein eleganter Partner, der den Service leitet, das, was sie als »beliebte Küche« beschreiben – ein kontemporäres französisch-japanisches Menü. Die Gerichte übertreffen einander schrittweise an Kreativität und Intensität, als ob sich eine Blume vor Ihren Augen Blatt für Blatt entfaltet. Der Chef ist ein Fan von *murasaki* (die Farbe Lila), und sein Einfluss auf das Dekor lässt sich nicht übersehen! Freundlicher Service; man spricht Englisch.

❾ Jumbo Yakiniku, Shirogane

Kuroge-wagyu.com/js/top_e.html

Als eines der beliebtesten Restaurants der Tokioter ist dieses gehobene »Grill-dein-eigenes-*wagyu*-Rindfleisch«-Lokal über Monate hinweg ausgebucht. Jumbo bietet eine Auswahl von feinen Fleischsorten und exzellentes *kim chee* an. Der Service arbeitet schnell und effizient: Der Tisch ist schon frisch gedeckt, bevor Sie überhaupt zahlen können, aber genau dieses Tempo gilt als Teil des Vergnügens, das eiskalte Bier fließt rasch, und die Kunden kehren gern zurück. In den folgenden Tagen wird Sie eine Knoblauchfahne umgeben, aber das gehört einfach dazu! Das Personal spricht ein wenig Englisch.

7

7

8

8

BARS

Azabu Juban: Bar Gen Yamamoto
Genyamamoto.jp/bar_tokyo/English.html
Das ist genau die richtige Bar für Sie, wenn Ihnen der Sinn nicht
nach Bar steht. Beinahe lautlos vollbringt der Eigentümer Gen
Yamamoto seine Magie: Er schüttelt und rührt, quetscht mit der Hand,
zerkleinert und zermalmt intensiv duftende Früchte und Gemüse zu
puren Geschmacksbasen, die seine sublimen Cocktails so einzigartig
machen. Er mixt frische Säfte und Extrakte mit seltenen Sakes,
shochus und Branntweinen, balanciert dezent den Geschmack aus
und schiebt seine Kunstwerke über die Theke vor maximal acht Gäste.

Shibuya: Red Bar (alias Chandelier Bar) (s. S. 47)
https://www.facebook.com/RED-BAR-980694541951323/

Ebisu: Bar Martha, Cavo und Pile Café (s. S. 125–126)
www.martha-records.com/martha
www.cavowinebar.jp
www.rennovationplanning.co.jp/portfolio_page/pile-café-ebisu

Koenji: Sub Rosa (s. S. 160)
https://facebook.com/SUB-ROSA-161654607264375/

Asakusa: Bar Six (s. S. 209)

Kuramae: Nui (s. S. 224)
www.backpackersjapan.co.jp/nui_en

Kanda: N331 und Hitachino Brewing Lab (s. S. 239)

Yanesen: Sankenma (s. S. 258)
www.taireki.com/sankenma

**Die bodenständigen *izakaya*-Bars in den Gassen von Tokios
Viertel Yokocho und unter den Brückenbögen von Gado-
Shita:** Nonbei Yokocho, inklusive der Red Bar, Shibuya
(s. S.47); Ebisu Yokocho (s. S.126); Harmonica Yokocho,
Kichijoji (s. S.148); Koenji Gado-Shita, Koenji (s. S.162)
www.Nonbei.tokyo, ebisu-yokocho.com/top.html

MUSEEN & GALERIEN

Nezu Museum, Aoyama (s. S. 71)
www.nezu-muse.or.jp/en/index.html

The National Art Centre, Roppongi (s. S. 73)
www.nact.jp/english/

Mingei-kan, Meguro-folkcraft Museum (s. S. 90)
www.mingeikan.or.jp

Kyu Asakura House, Daikanyama (s. S. 103)
www.city.shibuya.tokyo.jp/est/asakura.html

Hara Museum of Contemporary Art, Shinagawa (s. S. 121)
www.haramuseum.or.jp/generalTop

**Tokyo Metropolitan Museum of Photography, Ebisu
(s. S. 125)** www.syabi.com/english.php

Museum of Yebisu Beer, Ebisu (s. S. 125)
www.sapporoholdings.jp/English/guide/yebisu

Ghibli Museum, Mitaka (s. S. 137) www.ghibli-museum.jp

AMUSE museum, Asakusa (s. S. 208)
www.amusemuseum.com/english

Asakura Choso, Yanaka, Skulpturen-Museum (s. S. 252)
www.taitocity.net/taito/asakura/english/index.htlm

HAGISO, Yanaka (s. S. 256) www.hagiso.jp

Scai the Bathhouse, Yanaka (s. S. 258)
www.scaithebathhouse.com/en/

Tokyo National Museum, Ueno (s. S. 264) www.tnm.jp

**Miraikan, Odaiba Island – The National Museum of Emerging
Science & Innovation** (rechts) www.miraikan.jst.go.jp/en/

MÄRKTE

Über die ganze Stadt verstreut gibt es unzählige regelmäßig, aber auch unregelmäßig stattfindende Bauern-,
Floh- und Antikmärkte. Halten Sie Augen und Ohren
offen, sodass Ihnen kein Trubel entgeht, in dem sich echte
Schätze verbergen können. Hier eine Liste für den Anfang:

KUNSTHANDWERKSMARKT

Tezukuri Ichi, Ikebukuro

www.kishimonjin.jp/map/index.html (für die Adresse)
www.tezukuriichi.com/entry.html#07 (für die Marktzeiten)
Dieser Markt findet auf dem Gelände des Kishimonjin-Tempels
statt und ist nicht einfach zu finden, aber wegen seiner Auswahl an
originellen, handgemachten Kunsthandwerksstücken ist er es allemal
wert, entdeckt zu werden. Markttag: jeder dritte Sonntag im Monat.

Akaji Jinja, Kagurazaka (s. S. 185)

www.akagimarche.blogspot.jp/

BAUERNMÄRKTE

UNU Farmer's Market, Shibuya (s. S. 56)

www.ourworld.unu.edu/en/farmers-market-comes-to-the-un

»Earth Day Market«, eine Auswahl unter

www.earthdaymarket.com/
Beliebt und meist biologisch-dynamisch inspiriert, zielt das Konzept
des Marktes darauf ab, mehrere ökologische Strömungen miteinander zu verbinden. Das Angebot umfasst neben Nahrungsmitteln auch
Keramik und Schmuck.

FLOHMÄRKTE

Yoyogi Park Flea Market, Shibuya (s. S. 32, 35)

www.yoyogipark.info

Tokyo Recycle, eine Auswahl unter www.trx.jp

Shinjuku Central Park Flea Market, Shinjuku
www.jinsei-geki.com/FormMail/kaijyou-sinjyuku.html
Toller Vintage-Markt

Yasakuni Shrine Flea Market, Chiyoda
www.homepage3.nifty.com/kankyo-1997/index.html

ANTIKMÄRKTE

Oedo Antique Market im Yoyogi Park, Shibuya (s. S. 35)
www.yoyogipark.info/2015/antique-market-2016

Heiwajima, Shinkjuku
www.kottouichi.com/heiwajima/ENGLISH.htlm

TSUKIJI FISH MARKET; CHUO
www.tsukiji-market.or.jp/tukiji_e.htm
Tokios weltberühmter Fischmarkt war schon immer geeignet, um
die ausgelassene, raue Seite der Stadt zu erleben; außerdem gibt
es dort mehr Arten an Meeresfrüchten, als man sich träumen lässt.
Organisierte Touren finden jeden Morgen statt, aber der Markt lässt
sich auch auf eigene Faust erkunden – seien Sie aufmerksam und
zurückhaltend, weichen Sie den schnellen Fahrzeugen aus und tragen Sie Schuhe, die Sie schon lange nicht mehr mögen. Um 9 Uhr ist
alles vorbei, also kommen Sie am besten frühzeitig und planen nach
dem Rundgang Zeit für ein Sushi-Frühstück an den Ständen vor den
Hallen, am nordwestlichen Eingang, ein.

Während ich diese Zeilen schreibe, zieht der Markt in neue,
modernere Hallen um, und die Bedingungen für Besucher könnten
sich ändern. Bis dahin haben Sie den alten Fischmarkt mit seiner
unvergleichlichen Atmosphäre hoffentlich besucht! **Jogai Shijo**
heißt der Außenmarkt, gleich daneben und eventuell attraktiver für
Besucher. Auf jeden Fall begeistert die Darbietung der frischen wie
konservierten Nahrungsmittel – Fleisch, Gemüse, Essiggemüse und
Getrocknetes – und führt jeden Betrachter hervorragend an lokale
Lebensmittel heran.

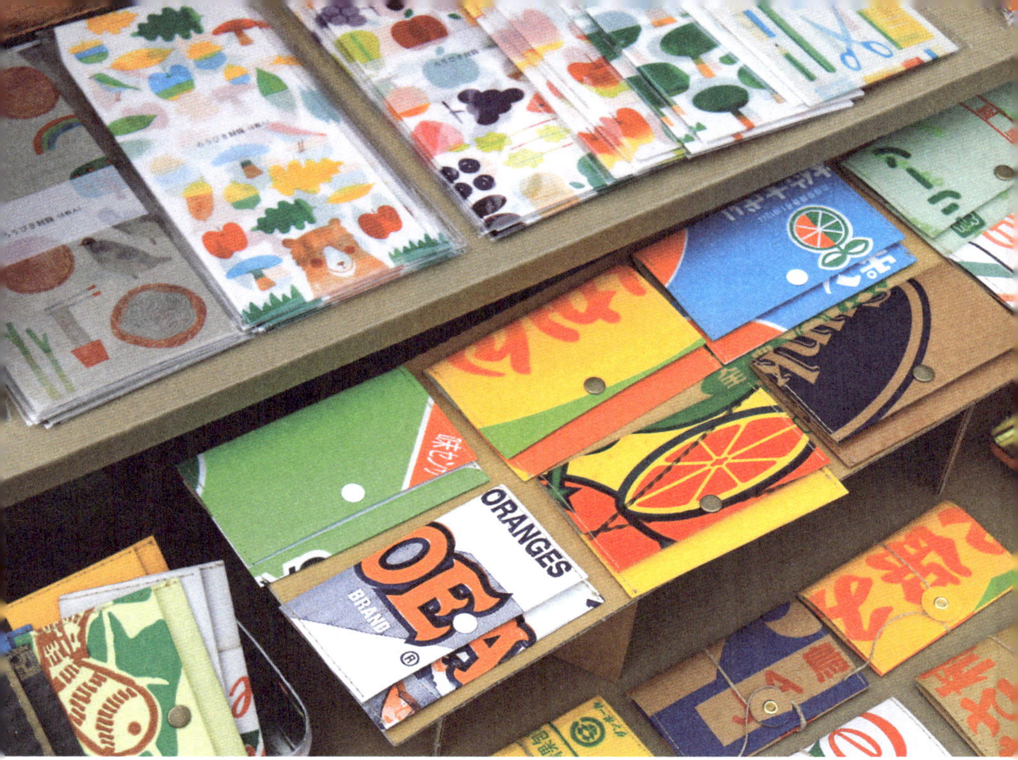
ORANGES
BRAND

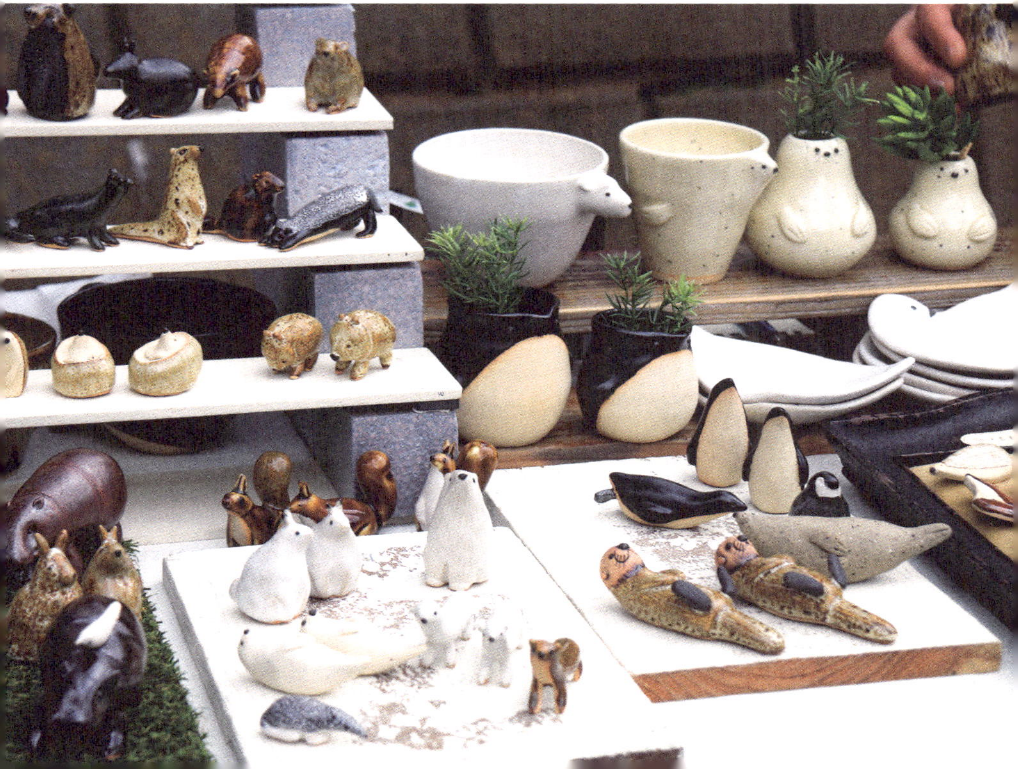

WAS MIR SONST NOCH SO GEFÄLLT

LEUTE BEOBACHTEN

Ein Spaziergang, nur zehn Minuten in nordwestliche Richtung, führt vom düsteren Tsukiji-Fischmarkt direkt in eine andere Welt – zur überaus noblen Shoppingmeile von Ginza. Das Kernstück der Chuo Dori ist am Wochenende gesperrt, einzig Menschen (und Hunde) sind erlaubt. Eine tolle Gelegenheit, um zu bummeln und die glamourösen Auslagen der Luxusläden zu bewundern: Diamanten, Perlen, Haute Couture und Schuhe, in die niemals Füße schlüpfen sollten. Die Hauptattraktion liegt für mich darin, das Verhalten, den Stil und die Interaktionen der Menschen zu beobachten, die sich hier am Wochenende angenehm entschleunigt bewegen. **www.Ginza.jp/en**

NOCH MEHR ESSEN

Meine liebsten kulinarischen Streifzüge in Japan führen zu den
depachika, den Delikatessenabteilungen der Tokioter Kaufhäuser. Zu
meinen Favoriten gehören: **Isetan** in Shinjuku, **Daimaru** (neben dem
Hauptbahnhof), **Tobu** in Ikebukuro, **Takashimaya** in Nihonbashi
und **Mitsukoshi** in Ginza – sie inspirieren mich, und wenn ich Lust
auf ein Picknick im Park oder zu Hause habe, kann es keine feinere
Auswahl geben! Decken Sie sich in der *depachika* mit Snacks und
Getränken ein für einen herrlichen Nachmittag unter Kirschblüten
oder dem bunten Herbstlaub.

Wer es ein wenig abenteuerlicher mag, sollte die *yakitori*-, *ramen*-
und *izakaya*-Stände *gado-shita* aufsuchen, unter der Eisenbahnbrücke
der Yurakucho Station, und die winzige, marode *izakaya*-Bude auf
der Omoide Yokocho, der »Straße der Erinnerung« am Bahnhof Shinjuku – das Essen ist nicht unbedingt grandios, aber die Atmosphäre,

das Bier, der Sake, die lokalen Charaktere und die einzigartigen Bildmotive sind es ganz sicher! **www.shinjuku-omoide.com**

Wenn Sie Ihre Leidenschaft für *ramen* entdeckt haben, dann besuchen Sie neben Tokyo Station die Ramen Street, dort versuchen acht *ramen*-Lokale, sich gegenseitig zu übertreffen. Sie sollten früh dran sein oder mit einer Schlange rechnen.
www.tokyoeki-1bangai.co.jp/steet/ramen
www.tokyoeki-1bangai.co.jp/pdf/floormap_foreign.pdf

Japanische Süßwaren: *matcha* (gerührter grüner Tee) und *wagashi* (traditionelle Süßwaren zum Tee) bei Toraya in Ginza
www.toraya-group.co.jp

Das **Shin Marunouchi Building** nahe Tokyo Station beherbergt die luxuriöseste Delikatessenabteilung überhaupt!
www.marunouchi.com/e/shop?type=top

DACHTERRASSENBARS

… sind eine tolle Idee in Tokio. Sie befinden sich entweder über Hotels oder auf dem Dach eines Restaurants oder eines Büroturms. Es verlangt ein wenig Spürsinn, sie zu entdecken: Halten Sie gezielt Ausschau Die Terrassen bieten oft einen herrlichen Rundblick über die Stadt und im Sommer ein wenig Abkühlung (meist allerdings nur ein psychologischer Effekt). Mein Rat: nach oben schauen. Lassen sich Lichter oder Laternen auf dem Dach eines Gebäudes ausmachen, stehen die Chancen nicht schlecht!

UND NOCH MEHR SHOPPING

Das Kitte-Gebäude lädt auf sieben Etagen zum Luxusshopping, inklusive eines ganzen Stockwerks mit hinreißenden japanischen Haushaltswaren und Dekorstücken. **www.jptower-kitte.jp/en**

MEHR ARCHITEKTUR

Tokios Architektur begeistert ohnehin, und jeder Tag bringt eine neue, faszinierende Zugabe. Toranomon Hills gehört zu meinen Favoriten, auch wegen der hübschen Esslokale. **www.toranomonhills.com/en**

WEITER DRAUSSEN

Wenn Sie einen längeren Aufenthalt in Tokio planen, dann bringt ein kleiner Abstecher in ein nahe gelegenes Städtchen, weg von den blendenden Lichtern der Metropole, willkommene Abwechslung.

BERG FUJI UND HAKONE

Die Hauptinseln Japans sind extrem bergig und vulkanisch, ein Grund, warum die bewohnbaren Flächen so dicht besiedelt sind. Der bei Weitem beeindruckendste und wichtigste Berg Japans ist der heilige und ikonische Fuji-san.
www.fujisan-climb.jp/en

Auch wer noch nie zuvor in Japan war, kennt den ebenmäßigen Kegel dieses Berges, der als einer der schönsten weltweit gilt.

Unzählige volkstümliche Geschichten ranken sich um den **Fuji**, und die Japaner fühlen sich von seiner Energie stark angezogen – eine Pilgertour, wenigstens bis auf seine halbe Höhe, steht auf der Wunschliste eines jeden Japaners.

Einheimische und sportliche Touristen besteigen den 3776 Meter hohen Berg oder zumindest einen Teil davon in der warmen Jahreszeit. Im Winter verhindern zumeist Schneemassen den Aufstieg zum Gipfel. Rund 100 Kilometer südwestlich von Tokio – bei klarem Wetter bietet jedes hohe Gebäude eine herrliche Aussicht auf den Berg – liegt er für Touristen nur einen Tagesausflug entfernt. Organisierte Touren im Bus führen bis zur fünften Station am Berg. Nach einem kurzen Fotostopp geht es wieder nach unten, in die Gegend von **Hakone** am Fuße des Fuji, wo der unvermeidliche Bootsausflug auf dem **Ashi-See** folgt. Manche Touren schließen auf dem Rückweg nach Tokio auch noch eine Gondelfahrt über die blubbernden Schwefeltümpel des vulkanischen **Owakudani-Tals** ein.

So verläuft die sehr ereignisreiche und effiziente Standard-Spritztour – ein Tipp, wenn die Zeit knapp bemessen ist. Wenn Sie diese

Gegend besser kennenlernen wollen, dann buchen Sie einen Aufenthalt an den heißen Quellen im Erholungsgebiet von **Hakone** – nur eine Stunde mit dem Zug südwestlich von Tokio gelegen.
www.hakonenavi.jp/english/traffic

Für die Übernachtung empfehlen sich traditionelle Gästehäuser – siehe *ryokan*-Unterkünfte auf S. 275. Die besten Pensionen bieten einen direkten Blick auf den Fuji. Erkunden Sie das malerische Dorf Hakone mit Muße – ein Besuch der Kunsthandwerksläden und die romantische Bootsfahrt auf dem Ashi-See runden den Aufenthalt ab. Lust auf Kultur? Das **Freilichtmuseum** ist sehr beliebt.
www.hakone-oam.or.jp

Wer die unmittelbare Nähe zum Berg sucht, sollte die Busse oder Züge nehmen, die in die Gegend von **Fuji Five Lakes** fahren. Das Personal an der Hotelrezeption oder der Gästeauskunft hilft mit genaueren Information weiter.
www.jnto.go.jp/eng/location/spot/tic/14022660.html

Link zur Landkarte von Hakone
www.hakonenavi.jp/english/traffic/rout_map/pdf/ hakone_map.pdf

KAMAKURA

Eine der berühmtesten *daibutsus*, so heißen die gigantischen Buddha-Statuen, hat seine Heimat im reizvollen Küstenstädtchen Kamakura gefunden, nur 50 bis 60 Minuten Zugfahrt südlich von Tokio.
www.city.kamakura.kanagawa.jp/kamakura-kankou/en

Kamakura, eine der alten Hauptstädte des Landes, fasziniert mit einer ganz besonderen Atmosphäre und seiner ureigenen Kultur. Die Stadt rühmt sich ihrer eindrucksvollen Tempel und Schreine – und auch der Strand liegt nicht weit entfernt und bietet Gelegenheit zum Entspannen. Das Dorf **Kamakura** selbst ist so klein, dass es leicht an einem Tag erkundet werden kann; doch auch ein längerer Aufenthalt lässt sich reizvoll gestalten. Mir ist klar, dass die nachfolgenden Tipps Teil jeder touristischen Route sind, weil sie nun mal zu Japans Highlights zählen – Besucher, die erst die Sehenswürdigkeiten abklappern, können sich danach immer noch nach den ruhigen, beschaulichen Ecken der Stadt umsehen.

Ein Tipp für den Tagesausflug: Besuchen Sie den **Kotokuin-Tempel** und schauen sich die riesige Buddha-Statue an, *daibutsu*, sowie den

Hasedera-Tempel, von dem ein Weg durch wunderschöne Gärten zur Aussichtsplattform mit Blick über die **Bucht von Kamakura** führt. **www.kotoku-in.jp/en/about/about.html www.hasedera.jp/en/about**

In der Umgebung von Kamakura Station reihen sich kleine Läden und Restaurants aneinander, alles ziemlich touristisch, aber es macht einfach Spaß, ein wenig umherzuschlendern. Im Norden des Dorfs befindet sich das kleine, aber sehr gut geführte Museum of Modern Art. **www.moma.pref.kanagawa.jp/en/index.html**

KAWAGOE

www.koedo.or.jp/foreign/english
Im Norden, nur eine halbe Stunde im Expresszug (jedoch gefühlsmäßig eine halbe Ewigkeit) von Ikebukuro entfernt, liegt das reizvolle Kawagoe. Die Siedlung um die fast 500 Jahre alte Burganlage war einst eine wichtige Handelsstadt, beherrscht vom Kawagoe-Clan. Zugegeben, es ist teilweise sehr touristisch, aber Kawagoe zeigt die

erstaunlichsten und besterhaltenen Architekturdenkmäler weit
und breit; besonders in der Nachbarschaft der historischen
Lagerhallen, *kurazukuri*. In Kawagoe verwirklichen sich Fotografen-
Träume – selbst Gebäude aus der Edo-, Meiji-, Taisha- und Showa-
Zeit (1603–1989) sind noch erhalten, auch Hobby-Historiker werden
hier ihre Freude haben.

Ein Rundbus, der am Bahnhof abfährt, bringt die Besucher zu den
Sehenswürdigkeiten. Die Stadt ist stolz auf ihr selbst gebrautes Bier
namens Coedo, das inzwischen auch international anerkannt ist.
Ein Teil der Berühmtheit von Kawagoe stützt sich auf die dort hergestellten Süßigkeiten. Das Sträßchen Kashiya Yokocho (»Penny Lane«)
präsentiert das beeindruckende Sortiment – einige Naschereien sind
aus natürlichen Zutaten handgemacht, andere rufen bei Japanern
ihre schönsten Kindheitserinnerungen wach. Schon allein das
ausgelassene Jauchzen der Kinder ist den Besuch wert. Außerdem
gibt es lokale Handwerksmärkte mit schönen Souvenirs und allerlei
Geschäfte zum Stöbern. ●

GLOSSAR

chawa mushi: gedämpfter, würziger Eierstich, der üblicherweise in einer japanischen Teetasse namens *chawan* zubereitet und serviert wird

chiyogami: Dieses Wort beschreibt grafische, sich wiederholende Designs (inspiriert von der Edo-Zeit), die auf Papier gedruckt werden; in der Regel findet das Papier bei dekorativen Bastelarbeiten und Origami Verwendung. Früher wurde es mit handgeschnitzten Holzblöcken bedruckt.

chuuhai: ein alkoholisches Getränk, das *shochu* enthält (ein hochprozentiger Likör aus Süßkartoffeln, Reis, Getreide oder braunem Zucker) und mit frisch gepresstem Fruchtsaft oder aromatisiertem Sirup und Mineralwasser gemixt wird

conbini: (auch *konbini*) Supermarkt

cosplayers: Leute, die sich als Fantasiegeschöpfe aus Zeichentrickfilmen und als Mangafiguren kostümieren. Sie organisieren Paraden oder spielen vor dem Publikum eine bestimmte Charakterrolle aus den Filmen. Sowohl die *cosplayers* als auch ihr Publikum nehmen diese Darstellungen meist sehr ernst.

dashi: Die Ur-Brühe der japanischen Küche wird aus *kombu* (Seetang) und

katsuobushi (getrockneter, fermentierter und geräucherter Fisch – meist Echter Bonito oder Bonito-Thunfisch) und manchmal auch aus anderen getrockneten Fischen zubereitet.

depachika: Delikatessenabteilung im Untergeschoss der Kaufhäuser

doki-ya: Kupferladen

donburi: einzelne, oft ziemlich große Schüsseln mit heißem Reis, die mit geschmackvollen Garnierungen bedeckt werden. Das Wort wird auf *don* gekürzt, wenn der Name der Garnierung vorangeht. So wird zum Beispiel ein *okayo-don* mit einer Mischung aus Hühnchen, Zwiebel und Ei, die in einer gesüßten Sojabrühe gegart wurden, garniert. Ein *tonkatsu-don* ist eine Schüssel Reis mit Streifen von frittiertem Schweinefleisch (*tonkatsu*), *Ikura-don* wird mit Lachsrogen belegt, *ten-don* im Teigmantel *tempura* und so weiter ...

dori: Straße

ebi furai: panierte, frittierte Garnelen

ema: kleine Holztäfelchen, die in Shinto-Schreinen verkauft werden, auf die der Gläubige seine Gebete und Wünsche notiert. Sie werden dann im Schrein aufgehängt, damit die Götter oder die Geister die Botschaften empfangen können. Früher wurden Pferde (*uma*) an die Schreine gespendet, in der Hoffung auf Glück in den Belangen Geschäft, Leben, Beziehungen und Gesundheit. Da sich diese Gepflogenheit mit der Zeit als immer weniger praxistauglich erwies, begann man, die rechteckigen Holztafeln oder *ema* (das Wort für gemaltes Pferd) anzubieten: handgemacht und auf einer Seite mit einem Pferd bemalt. Heutzutage sind die *ema* mit einem Symbol des Schreins, der Jahreszeit, der Jahreszahl oder auch dem jeweiligen Tierkreiszeichen verziert.

honten: Hauptgeschäft, -niederlassung

ikebana: traditionelle japanische Kunst des Blumensteckens

izakaya: Traditionsgemäß ein Ort, um Sake zu trinken (einst Sake-Läden), dazu gab es kleine Snacks als Zeichen der Gastfreundschaft. Heute umschreibt der Begriff *izakaya* Restaurants mit lockerem Ambiente, die eine Auswahl an alkoholischen Getränken und kleine Gerichte zum Teilen anbieten. Bei manchen steht der Alkohol im Mittelpunkt, sie sind günstig, und das Ambiente ist heiter, was Studenten und junge Reisende anzieht; manche bieten auch gehobene Gerichte und eine Auswahl an edlen Sakes an.

kagura: Wörtlich übersetzt heißt es »Unterhaltung für die Götter« und

bezieht sich meist auf Tänze oder Musik mit Wurzeln im Shintoismus.

kaiseki cuisine: in einfachen Worten eine traditionelle, gehobene japanische Küche mit bescheidenen Wurzeln in der buddhistischen Teezeremonie. Üblicherweise werden etwa zwölf Gänge, exquisit auf feinstem Tafelgeschirr angeordnet, von Kellnerinnen – oft im Kimono – serviert. Jeder Gang erzählt die Geschichte einer Jahreszeit, einer Feier oder einer bedeutenden Begebenheit.

kani: Krabben

katsu-sando: *Katsu* (das japanische Wort für Kotelett) sind flache Stücke panierten und frittierten Schweins, von Huhn oder Rind, die zwischen zwei Scheiben Weißbrot stecken; meist mit einer süß-scharfen Soße, die extra für *katsu* gemacht wird, und/oder scharfem Senf bestrichen. Moderne Versionen enthalten auch noch geschnittenen Salat und japanische Mayonnaise.

kawaii: niedlich

kim chee: koreanisches Essiggemüse

kinako: geröstetes Sojamehl

kissaten: westliche Tee- und Kaffeesalons, die erstmals während der Mejii-Zeit (1868–1912) nach Japan kamen. Vor allem in den 1950er- und 1960er-Jahren erfreuten sie sich großer Beliebtheit. Leider sind heute viele verschwunden oder sie wurden durch moderne Cafés und Ketten-Coffeeshops ersetzt. Die verbliebenen *kissaten* sind oft herrlich stimmungsvoll und locken mit einem charmanten, echt japanischen Erlebnis, meist in einer Wolke von Zigarrettenrauch, die die typischen japanischen *salarymen* (Büroangestellten) munter produzieren.

koban: kleine Polizeistationen, wie sie in allen Vororten zu finden sind

machiya: lässt sich am ehesten mit »Stadtladen« oder »Stadthaus« übersetzen. In den hübschen traditionellen Holzhäusern mit ein bis drei Stockwerken lebten und arbeiteten die Händler und Handwerker schon seit der Heian-Zeit (794–1185). Der Laden befand sich an der Vorderseite des Untergeschosses, der Wohnbereich dahinter oder darüber. Im Laufe der Jahrhunderte brannten viele *machiyas* – die meisten ungewollt, einige absichtlich – nieder. In der jüngeren Vergangenheit fielen die historischen Stadthäuser mit den Minigärten zumeist dem sogenannten Fortschritt zum Opfer. Die übrig gebliebenen *machiyas* sind zwischen 100 und 200 Jahre alt. Heute nun gibt es endlich Initiativen, sie zu erhalten, vor allem in Kyoto. Mit viel Liebe werden sie restauriert und als Läden, Wohnungen und Unterkünfte genutzt.

matsuri: Festival

minchi katsu: ein Kuchen (oder eher eine Bulette) aus Hackfleisch und Kartoffeln, gebraten oder frittiert

monozukuri: Eine bescheidene Übersetzung wäre »Dinge herstellen«. Der Begriff beschreibt in der Regel handwerklich erzeugte, qualitativ hochwertige Stücke, die mit viel Mühe, Sorgfalt und Liebe gefertigt wurden.

mottainai: frei übersetzt die »Reue der Verschwendung«, ein Appell an sich selbst oder an andere, bewusster mit natürlichen Ressourcen umzugehen oder sie zu recyceln

nabe: die Kurzform von *donabe*, dem Wort für Gefäß, in dem Eintöpfe gegart werden, und gleichzeitig die Bezeichnung für das Gericht

obaachan: Großmutter, -mütter

obi: Kimonogürtel (die originalen, meist bestickten Schärpen sind vier Meter lang)

oden: ein wohlschmeckender Eintopf für Wintertage, aus einer Vielfalt von Zutaten hergestellt. Fischfrikadellen, Tofu in unterschiedlichen Formen, *daikon* (Rettich), Fleischbällchen und ganze Eier werden in einer *dashi*-Brühe gegart. Die Zutaten variieren je nach Region, so kann man auch Miso oder Soja darin finden. Die deftige Version enthält langsam gegarte, gelatinereiche Fleischstücke wie Rinderwaden und Schweinefüße.

okonomiyaki: ein würziges Omelett, auf der Basis »Wie es euch gefällt«. Zur Wahl stehen gehobeltes Kraut, Jamswurzel und ein Mix aus anderen Gemüsesorten, Fleisch (oft Schweinefleisch oder Speck), manchmal Meeresfrüchte nach Wahl oder auch Nudeln. Die Mischung wird auf einer sehr heißen, flachen Platte – oft auch direkt am Tisch des Gastes – wunschgemäß gebraten, von zart bis knusprig. Über die *okonomiyake* kommt dann eine dicke, dunkle, süßliche Soße, japanische Mayonnaise, *katsuobushi* und/oder Nori-Flocken und, je nach Geschmack, auch noch Essiggemüse oder Frühlingszwiebeln. Manche werden mit Eiern belegt oder mit dem westlichen Geschmack nachempfundenen Soßen serviert.

omu-rice: Omelett, gefüllt mit gewürztem Reis

omukuji: das »Schicksal« auf Papier niedergeschrieben, kann in Tempeln und Schreinen erstanden werden

onsen: Bad in warmem Thermalwasser

otaku: frei übersetzt »eine Person, die von einem gewissen Thema besessen ist – manchmal so sehr, dass es nicht mehr gesund ist«. Ursprünglich ein negativer Ausdruck, wird das Wort heute eher im Sinne von Nerd und Streber benutzt, also: ein etwas sonderbarer Typ, der jedoch sehr viel über ein bestimmtes Gebiet weiß.

oyatsu pan: weiches Brot (meist flach und rund), süß oder würzig gefüllt oder belegt, in Snackportionen serviert

rosu katsu: Schweine- oder manchmal Rinderlende in Streifen geschnitten, paniert und frittiert – wird oft in *tonkatsu*-Restaurants serviert, weil die Lende mehr Fett enthält als Filets.

ryokan: traditionelles Gästehaus

ryotei: herkömmliche Restaurants, die exquisite *kaiseki*-Küche anbieten

sakura: Kirschblüten

sakuro mochi: Reis mit Kirscharoma, serviert mit süßer Bohnenpaste

salaryman: Büroangestellte in dunklen Anzügen

senbei: Reiscracker

shinkansen: Hochgeschwindigkeitszug

shiso: ein aromatisches japanisches Sommerkraut mit großen, grünen Blättern

shitamachi: gebildet aus *shita* (unten) und *machi* (Stadt). Im Vergleich zum englischen *downtown* hat es in Japan eine andere Bedeutung: gemeint sind hier die ärmeren Viertel der Stadt, in denen das »gewöhnliche« Volk lebte, im Gegensatz zu den Wohlhabenden und der Aristokratie, den Feudalherren, Samurai und so weiter. Der Begriff kommt aus der Edo-Zeit (1603–1867).

shochu: ein destillierter japanischer Likör aus Süßkartoffeln, braunem Zucker, Gerste, Buchweizen oder Reis. Er enthält 25 bis 45 Prozent Alkohol und haut richtig rein! Der Geschmack ist ausgeprägter und stärker als beim Sake, der nur aus Reis hergestellt wird.

shogun: der oberste militärische Befehlshaber im feudalen Japan. Der letzte Shogun starb im Jahr 1913.

shoji: Schiebetüren, die als Paravent oder Wand dienen oder als Tür verwendet werden können. Die Rahmen sind aus leichtem Holz oder Bambusstangen gefertigt, die mit *washi* (das fast durchsichtige Reispapier) bezogen werden. In traditionellen japanischen Häusern dienen sie der Raumteilung.

shotengai: Einkaufsmeile, entweder überdacht oder mit nach oben offenen Arkaden. Meist jedoch schrecklich altmodisch.

stupa board: In der buddhistischen Architektur ist *stupa* ein Denkmal, das Relikte oder Stücke religiöser Bedeutung beherbergt. In Japan bezeichnet das *stupa board* eine Schreibtafel aus Stein, die neben dem Namen des Verstorbenen auch den Namen der Person trägt, die sie bei der Beer-

digung auf einem Tempelfriedhof niedergelegt hat.

taiyaki: Pfannkuchen in der Form eines Fischs. Meist sind sie mit süßer Bohnenpaste, manchmal mit Sahne oder Pudding verschiedener Geschmacksrichtungen gefüllt.

takoyaki: ein beliebter Tintenfisch-Snack, der an Straßenständen angeboten wird. Die Bällchen werden aus einem Teig aus gehacktem Oktopus und eingelegtem Ingwer geformt und in einer speziellen *takoyaki*-Grillpfanne gebraten. Garniert werden sie mit *okonomiyake*-Soße, japanischer Mayonnaise und Nori-Flocken oder mit Frühlingszwiebeln.

tatami: rechteckige Bodenmatten, die in traditionellen japanischen Häusern ausliegen. Gepresstes Reisstroh – oder eher kommerzielle Produkte, wenn es eine günstige Variante ist – wird mit geflochtenem Binsenstroh überzogen, die Ecken mit Brokat oder einfachem Tuch eingefasst. Traditionell wurde die Größe eines Raumes mit der Zahl der *tatamis*, die hineinpassen, gemessen.

tezukuri: handgefertigt

tonkatsu: frittiertes, paniertes Schweineschnitzel, oft eine Scheibe von der Lende oder Filetstücke

torii: Tore am Eingang oder im Shinto-Schrein, die den Übertritt in einen heiligen Raum markieren. *Torii* sind traditionell aus Holz gemacht und werden entweder im natürlichen Farbton belassen oder zinnoberrot bemalt.

tsukudani: die Bezeichnung für Essen, das durch langsames Kochen in Soja und Mirin haltbar gemacht wird. Gängige Zutaten sind *kombu*, getrocknetes Gemüse, wie Shitake-Pilze, und kleine Mengen von Fisch oder Fleisch. Das salzige *tsukudani* wird als Gewürz verwendet oder als Snack gereicht.

tsurushi shuto: echtes Hirschleder

wa-mono: traditionelle japanische Waren

wagashi: japanisches Konfekt

washi: handgemachtes Papier, meist aus der Rinde des Maulbeerbaums hergestellt. Es kann auch aus anderen Rohstoffen bestehen wie Bambus, Reis und Hanf. *Washi* ist in der Regel stärker als Papier und hat eine dichte Textur, so kann das Papier sehr fein oder sogar lichtundurchlässig hergestellt werden. Üblicherweise wird es für japanische Kunst und das Kunsthandwerk genutzt.

yakiniku: Die einfache Übersetzung lautet »gegrilltes Fleisch«, aber in Wirklichkeit bedeutet es viel mehr: Verschiedene Fleischstücke und Innereien, hauptsächlich von Rind und Schwein, werden zusammen mit Marinaden und Soßen, die stark von der koreanischen Küche beeinflusst sind, serviert. In aller Regel grillen Sie Ihr eigenes *yakiniku* auf einem im Esstisch eingelassenen Grill.

yakisoba: gebratene Nudeln mit Fleisch (Schwein, Rind, Huhn, Speck) oder Meeresfrüchten, gemischt mit Gemüse und *yakisoba*-Soße – eine beliebte japanische Interpretation der Worcestershire-Tunke. Auch wenn der Name es andeutet, das Gericht wird nicht mit *soba*-Nudeln angerichtet, denn die sind zu fragil, sondern mit Weizennudeln, die den dickeren *ramen*-Nudeln gleichen.

yakitori: Übersetzt bedeutet das Wort »gegrilltes Hühnchen«. Für das Gericht *yakitori* werden kleine Stücke Hühnchenfleisch, Fleischbällchen, Haut oder Innereien auf einem Bambusspieß bis zur Perfektion gegrillt. Servierfertig macht sie eine Prise Salz oder *tare*, eine Glasur aus Sojasoße, Mirin und Hühnerbrühe.

yukata: leichter Sommerkimono aus Baumwolle oder Synthetik

yuzu: eine japanische Zitrusfrucht, die wegen des unglaublichen Aromas ihrer Rinde und ihres Saftes genutzt wird. Im Winter, kurz nach der Ernte, kommen sie vermehrt zum Einsatz.

zaka: Hügel

zakka: verschiedene Deko-Elemente und Krimskrams

WEBSITES

HARAJUKU & SHIBUYA

1 **Meiji Jingu (Schrein):** meijijingu.or.jp/english/index. html
2 **Yoyogi Koen (Park):** tokyo-park.or.jp/park/ format/index039.html
3 **Takeshita Street:** takeshitastreet.com/index. html
4 **Cat Street**
5 **Omotesando Hills:** omotesandohills.com/english
6 **Golden Brown:** goldenbrown.info
7 **Oriental Bazaar:** orientalbazaar.co.jp/en
8 **Gyre-Gebäude:** gyre-omotesando.com
9 **MoMA store:** momastore.jp/momastore
10 **Magnolia Bakery:** magnoliabakery.com/ locations/japan- jingumaeshibuya-ku
11 **Kiddy Land:** kiddyland.co.jp/en
12 **Quico:** quico.jp
13 **The Roastery by Nozy Coffee:** tysons.jp/roastery
14 **Scrapbook (Jeanasis):** scrapbook-jeanasis.com
15 **C-Plus Head Wares:** c-plus.jp
16 **Pink Dragon:** pinkdragon.co.jp

17 **BIC Camera Store:** biccamera.co.jp/shoplist/ shop-008.html
18 **Fußgängerkreuzung in fünf Richtungen**
19 **Nonbei Yokocho:** nonbei.tokyo
20 **Red Bar**
21 **Shibuya 109:** jreast.co.jp/e/ stations/e808.html
22 **Hikarie:** hikarie.jp/en

AOYAMA

1 **Bauernmarkt an der United Nations University (UNU):** ourworld.unu.edu/en/ farmers-market-comes- tothe-un
2 **Pierre Hermé:** pierreherme. co.jp/aoyama.html
3 **Found Muji:** muji.net/foundmuji
4 **Momotaro Jeans:** momotarojeans.net/site
5 **Two Rooms:** tworooms.jp
6 **OPA gallery shop:** opagallery.net
7 **Bread and Espresso:** bread-espresso.jp
8 **Lattest Omotesando Espresso Bar:** lattest.jp
9 **Mr. FARMER:** eat-walk.com/mf/index.html

DAIKANYAMA & NAKA MEGURO

1 **TENOHA & Style:** tenoha.jp
2 **Hollywood Ranch Market:** hrm.co.jp/hrm
3 **Rawlife:** blog.rawlife-jp.com
4 **Ivy Place:** tysons.jp/ivyplace
5 **Daikanyama T-site:** tsite.jp/daikanyama
6 **Hillside Terrace Building:** hillsideterrace.com/index2.html
7 **Makié Home:** makiehome.com/shop
8 **Greeniche:** greeniche.jp
9 **Kyu Asakura House:** city.shibuya.tokyo.jp/est/asakura.html
10 **Life's:** lifes-203.com/shop.html
11 **Hokodo Bijutsu:** hookodo.co.jp
12 **Evisu the Tokyo:** evisu.jp
13 **H:** jumpinjapflash.com/h/shop
14 **Have a Good Time:** have-a-goodtime.com/
15 **Brick & Mortar:** brickandmortar.jp
16 **Snobbish babies:** asknowas.ccm/dewan/stores_nakameguro.html
17 **bulle de savon:** ambidex.co.jp/bulle_de_savon/index.php
18 **Red Clover:** red-clover.jp/
19 **Carlife:** iqon.jp/store/nakameguro/7125
20 **ACTS:** acts97.com
21 **Hosu:** hosu.jp
22 **Telepathy Route:** telepathyroute.com
23 **Ouvrage Classe:** pal-blog.jp/brand/ouvrage/shop/nakameguro
24 **Jean Nassaus Hale o Pua:** jean-nassaus.co.jp/retail-store
25 **Leah-K:** leah-k.jp
26 **Kapuki:** kapuki.jp
27 **Minamo:** mi-na-mo.jp/index.html

MEGURO

1 **Claska Hotel:** claska.com
2 **Do:** claska.com/shop/index.html
3 **Fusion Interiors:** fusion-interiors.com
4 **Otsu furniture:** demodefurniture.net/otsu/shop
5 **Geographica:** geographica.jp
6 **Catii Tokyo:** store.catii.jp
7 **Pour Annick:** pourannick.com
8 **Blackboard by karf:** karf.co.jp/blackboard
9 **Brunch + one:** brunchone.com/brunch-one
10 **Fake Furniture:** fakefurnituretokyo.com
11 **Moody's:** moody-s.net/junks.html
12 **Sonechika:** sonechika.blog47.fc2.com
13 **Silk:** demode-furniture.net/silk/shop

7   **Ghibli Museum:**
    ghibli-museum.jp
8   **Nippon Department Store:**
    nippon-dept.jp/store
9   **Sun Road Shotengai**
10 **Tansu-ya:** remo178.wix.com/
    tsytyo
11 **Satou butcher's shop**
12 **PARCO department store:**
    kichijoji.parco.jp/page2
13 **Uniqlo:** uniqlo.com/jp
14 **L.Musee:**
    l-musee.com/page/1
15 **Puku Puku:** pukupukukichi.
    blogspot.com.au
16 **Wickie:** wickie69.com
17 **Pool2:** poool.jp
18 **Margaret Howell:**
    margarethowell.jp/shop_
    detail/113
19 **Tsubame markt:**
    tsubamemarkt.com/store.
    html
20 **Hara Doughnuts:**
    haradonuts.jp/kichijyouji.html
21 **Bondo:** bondobondo.jp
22 **Kichijoji Tsuru's Original
    Roast Beans:** plala.or.jp/usa-
    asia/coffee/index_p.html
23 **Markus:** marku-s.net
24 **Cinq:** cinq-design.com
25 **OUTBOUND:** outbound.to
26 **Harmonica Yokocho**

KOENJI
1   **PAL shopping arcade:**
    koenji-pal.jp
2   **Look Street:** koenjilook.com/
    modules/xeblog

3   **Spank:** spankworld.jp
4   **Peep Cheep:** peepcheep.com
5   **The Village Vanguard:**
    village-v.co.jp
6   **Zool:** zool.jp
7   **Lover Soul:** koenjilook.com/
    modules/shop0/index.
    php?id=290
8   **Aileen (by grog grog):**
    groggrog.ocnk.net
9   **Adoluvle retrist:**
    ameblo.jp/adoluvle-retrist
10 **Kiki:** ameblo.jp/kiki-clothing
11 **Comyu handmade & Vintage:**
    comyu.shop-pro.jp
12 **Kiarry's:** kiarrys.ocnk.net
13 **Grandprix:**
    grandprix.theshop.jp
14 **Ehon Yarusuban:**
    ehonyarusuban.com
15 **Gallery3 café:** 3gallery.net
16 **Mad Tea Party:** ameblo.jp/
    madteapartykouenji
17 **Chosenji Temple**
18 **Used Clothing Suburbia:**
    ameblo.jp/kougai-suburbia
19 **Hayatochiri:**
    hayatochiri-koenji-kitakore.
    com
20 **Southpaw:** geocities.jp/
    nincompoopcapacity
21 **Nekono:** speednet.
    ne.jp/~nekojaras
22 **Mikansei:**
    koenjikitanaka.com/general-
    store/mikansei
23 **Owl Café Baron:**
    fukuroucafe.blog.fc2.com
24 **Sub Rosa:** facebook.com/
    SUB-ROSA

NAKANO
1 **Sun Mall**
2 **Nakano Broadway:** nbw.jp/index_e.html
3 **Back to MONO:** rakuten.co. jp/backtomono/index.html
4 **MMTS:** mmts-shop.jp
5 **Teketeke Izakaya:** teke-teke.com

KAGURAZAKA & KORAKUEN

1 **Koishikawa Korakuen Garden:** kensetsu.metro. tokyo.jp/kouen/kouennannai/ park/english/koishikawa.pdf
2 **Canal Café:** canalcafe.jp
3 **Tsubaki-ya:** per-fume.jp
4 **Gojuuban honten:** 50ban-honten.jp
5 **Makanai:** e-makanai.com
6 **Zenkokuji:** kaguraza kabishamonten.com
7 **Le Bretagne:** le-bretagne.com/e
8 **La Ronde d'Argile shop:** la-ronde.com
9 **Isuzu:** isuzu-wagashi.co.jp
10 **Baikatei:** baikatei.co.jp
11 **Kimuraya:** kimuraya-enet. co.jp/tizu/tizu.htm
12 **Little Mermaid Bakery:** littlemermaid.jp/index.html
13 **Craftman Manou:** shinjuku.mypl.net/kosodate_ support/00000000320/14
14 **La Terre:** wing2014.jp/index.html

15 **Enfukutera and enpukuji:** enpuku-ji.jp
16 **Akagi Jinja (Schrein):** akagi-jinja.jp
17 **Akagi café:** akagi-cafe.jp
18 **Bon Riviere:** facebook.com/ Bonriviere1998 und tabelog.com/en/ tokyo/A1309/A130905/ 13118915/?rvwid=7238407
19 **Le Kagu:** lakagu.com
20 **KADO:** kagurazaka-kado.com

ASAKUSA & KAPPABASHI

1 **Kaminarimon Gate:** senso-ji.jp
2 **Asakusa Cultural Information Centre:** gotokyo.org/en/ kanko/taito/spot/s_983.html
3 **Nakamise:** asakusanakamise. jp/e-index.html
4 **Kanzashiya Wargo:** kanzashiya.com
5 **Kuriko-an:** kurikoan.com
6 **Kineya:** asakusa-nakamise.jp/shop-3/ kineya/e-index.html
7 **Kiryudo:** ab.auone-net. jp/~kiryudo/asakusa.html
8 **Haneda:** hanayome.biz/wa/ detail/haneda.html
9 **Hozomon Gate**
10 **Sensooji:** senso-ji.jp/about/ index_e.html
11 **Tokyo Skytree:** tokyo-skytree.jp/en
12 **Asakusa Shrine:** asakusajinja.jp/english

KURAMAE, OKACHIMACHI, AKIHABARA & KANDA-OCHANOMIZU

25 **Chabara:** jrtk.jp/chabara
26 **Maach e cute:**
maach-ecute.jp
27 **The Hitachino Brewing Lab:**
hitachino.cc/brewing-lab
28 **N331:** n3331.com
29 **Fukumori:**
fuku-mori.jp/bakurocho
30 **Ochanomizu Brick Mall:**
https://de.foursquare.com/v/
%E3%83%96%E3%83%AA%
E3%83%83%E3%82%AF%E
3%83%A2%E3%83%BC%E3
%83%AB/51f7cfcd498e8599
8bdda981

YANESEN & NIPPORI

1 **Yanaka Senbei Shinsendo**
2 **Yanaka Ginza:**
yanakaginza.com
3 **Hankoya Shinimonogurui:**
ito51.com
4 **Yakikarintou:**
yakikarinto.jp
5 **Motherhouse:** mother-house.
jp/aboutus
6 **Niku no Suzuki:**
tabelog.com/en/tokyo/A1311/
A131106/13022715/
7 **Atom bakery:**
atom-bakery.com/atom
8 **Kanekichien:**
yanakaginza.com/shop/
kanekichien
9 **Waguriya:** waguriya.
com/tokyo.html
10 **Yanesen Centre:**
ti-yanesen.jp

11 **Nezu Jinja (Schrein):**
jnto.go.jp/eng/location/spot/
shritemp/nezujinja.html
12 **Asakura Choso:**
taitocity.net/taito/asakura/
english/index.html
13 **Kaizoin**
14 **Choanji Temple:**
choanji.net/index.html
15 **Kanoin**
16 **HAGISO:** hagiso.jp
17 **Isetatsu:** isetatsu.com
18 **Biscuit:**
iscuit.co.jp/webshop
19 **Gate of Life**
20 **Antique Hatsune:**
antique-hatsune.com
21 **Sankenma:**
taireki.com/sankenma
22 **Kamitonuno:**
kamitonuno.com/index.html
23 **Craft Studio Tokugen:**
tokugen.co.jp/item/og238.
html
24 **Scai the Bathhouse:**
scaithebathhouse.com/en
25 **Shitamachi:**
taitocity.net/taito/
shitamachi/husetsu.html
26 **Inamura:**
inamura.jp/index.html
27 **Nippori Senigai**
(Fabrikstraße):
nippori-senigai.com
28 **Tokyo National Museum:**
tnm.jp

DANKSAGUNG

Danke dir, Japan, wie immer, für deine exquisite Gastfreundschaft.

Danke an die Stadt Tokio und ihre geduldigen Bewohner und Geschäftsinhaber, die mich ertragen mussten, wenn ich stundenlang in ihren Läden lungerte und mit meiner Kamera herumfuchtelte.

Danke, wie immer, an Murdoch Books dafür, dass sie das, was ich schreibe und fotografiere, zu Papier bringen und in Bücher verwandeln. Ich schätze es so sehr, dass ich ein wenig mit meiner adoptierten zweiten Heimat angeben darf.

Ganz besonderer Dank an die Verlagsleiterin Sue Hines, die Herausgeberin Corinne Roberts, den Design-Direktor Hugh Ford und den Konzeptdesigner Justin Thomas, die Redakteurinnen Katie Bosher und Barbara McClenahan und die Chefredakteurin Jen Taylor.

Dank auch an meine Freunde, Familie und Kollegen für ihre Hilfe und Unterstützung bei der Erstellung dieses Buches – auch wenn sie nur ein paar Mahlzeiten, Drinks und Geschichten während meiner Produktionszeit in Tokio mit mir geteilt haben. Es macht immer mehr Spaß, eine Stadt mit anderen Menschen zu erleben! Diese guten Seelen sind: Gerard Kambeck, Katsuji Tochino, Daisuke Mizukoshi, Linh Saunderson, Marie Antoinette Mori, Brendhan Kelly, David Buchler, Koichi Tanabe, Bridget Scott und Tad McNulty. Und schließlich, Yoshi und Meiko (Ruhe in Frieden), dank euch fühlen wir uns in Tokio zu Hause. Meiko-san – deine Schönheit wird ewig strahlen.

Und Mum – deine unermüdliche Unterstützung (emotional und finanziell) hat es ermöglicht, mein Interesse für Japan zu entdecken und zu vertiefen. Ich danke dir, dieses Buch ist die Blüte an einem wahrhaft gehegten und gepflegten Ast.

IMPRESSUM

Verantwortlich: Ulrich Jahn
Text und Bild: Jane Lawson
Übersetzung: Christine Eß
Lektorat: Britta Mentzel
Korrektorat: Ulla Thomsen
Gestaltung: graphitecture book & edition
Gestaltungskonzept Innenteil: Murdoch Books
Umschlag: Alexandra Rusitschka
Herstellung: Anna Katavic
Printed in Spain by estellaprint

Titel der Originalausgabe:
Styleguide Tokyo
© 2016 Murdoch Books

Sind Sie mit diesem Titel zufrieden? Dann würden wir uns über Ihre Weiterempfehlung freuen.
Erzählen Sie es im Freundeskreis, berichten Sie Ihrem Buchhändler, oder bewerten Sie bei
Onlinekauf. Und wenn Sie Kritik, Korrekturen oder Aktualisierungen haben, freuen wir uns über
Ihre Nachricht an NG Buchverlag, Postfach 40 02 09, D-80702 München oder per E-Mail an
info@nationalgeographic-buch.de.

Unser komplettes Buchprogramm finden Sie unter: 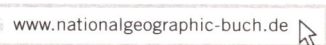 www.nationalgeographic-buch.de